YOUR OWN DOORS

for First Step of LIFE

yuki KAWAKAMI 独り暮らしをつくる100

YOUR OWN DOORS

for First Step of LIFE

yuki KAWAKAMI

独り暮らしをつくる100

1 good to go for new life **Let's MOVIN'!**

いざ新居へ

さぁはじまり、はじまり ～独り暮らしの「つくる」

01.

[自分×つくる＝ライフスタイル]　独り暮らしは「つくる」の連続です。「つくる」とは、「考える、決める、行動する」が３個１セットになった行為。昨日買った本の置き場所、明日の晩ご飯、洗濯する時間から、はたまた遊んで帰る時間まで、一から十まですべてを自分でつくります。家族と住んでいる時はこの三つがそろうことは珍しく、洗濯をしようと思っていても、実際は次の日お母さんがしてくれたり、弟が食べたいと言ったから、晩ご飯はハンバーグになったり。どこかに自分の意志とは違う力もプラスされて、生活が成り立ち進んでいきました。独りで暮らすということは、そんな状況にお別れして、自分のライフスタイルを自分だけで築いていくのです。住む家に始まり、お金の使い方、食事、家事・・。大きなコトから些細なコトまで、いろんなコトを「考えて、決めて、行動する」。毎日たくさんの「つくる」が積み重なって、生活になり、それがライフスタイルへと進化します。一つ一つの「つくる」に真摯でいること、それがきっと誰かに胸を張れるライフスタイルへの第一歩、です。

小さいけれどベランダがある
初めて住んでみる町
換気扇がきちんと機能して、部屋の換気ができる
近くに公園がある
予算オーバーでも気に入った物件なら住みたい
近くにコインランドリーがある
近所に生活用品のそろうスーパーがある
落ち着いた住宅街
会社や学校までのアクセスがいい
古くても味のある建物
給湯や水回りの設備が最新式である
近隣の声が聞こえない造りのしっかりした建物
お風呂はシャワーがあれば充分
畳の部屋がある
友達、恋人の家から近い
自転車やバイクの置き場所がある
住人の少ない小ぶりなマンション
日中は家にいないので日当たりより静けさ
管理人や大家さんに干渉されない
収納がたっぷりとある
広さが30㎡以上ある
ワンルームがいい
エアコンがついている
部屋の改装がすんでいる
町の治安がいい
トイレつきユニットバスでもいい
駅から自宅までが徒歩5分以内
こわいので低い階に住みたい
重厚な色の部屋
築年数にはこだわらない
造りつけのクローゼットがある
昔ながらの開放感のある住まいがいい
古くても一般家庭くらいの広いキッチンが欲しい

部屋、決まった？ 〜気に入った物件と出会うには

窓からの風景がいい
住みたかった町
風通しがいい
近所にスポーツジムがある
とにかく安い家賃
洗濯機の置き場所がある
近くにコンビニがある
若い人の多い町
交通の便よりも町の雰囲気を重視
設備の整った近代的な建物
水回りの古さや機能性にはこだわらない
町家のような隣近所の顔のわかる家
お風呂の追いだきができる
フローリングの床
実家から近い
ゴミ捨て場や郵便受け等の管理が行き届いている
管理のしっかりした大きなマンション
日当たりがいい
管理人、大家さんが近くにいて、困った時に連絡できる
荷物が少ないので収納スペースより床面積が欲しい
狭くてもセンスのいい物件
キッチンやリビングの区切られた部屋がいい
設備は自分で用意してもかまわない
築年数が古いので、自分で改装できる
夜もにぎやかな中心街
トイレとお風呂が別々
駅周辺の喧噪から離れた静かな町
床や壁の色が明るく白っぽい部屋
気分がいいので高い階に住みたい
新築
押入がある
玄関オートロックつきの完全防犯がいい
小さくてもシステムキッチン

とにかく自分の目で確かめる！

02.

[優先順位で物件を選ぶ]　友達のご主人がイギリスで不動産案内の仕事をしています。いつだったかその彼が「日本人のお客さんはいつも無理難題な条件を言うんだよ」と同胞のぶしつけかげんに嘆いていました。とかく新居を決める時は、条件がふくらみがちです。そりゃ誰だって、アクセスのいい、閑静な町で、広くてきれいな部屋、家賃の安い物件、がいいに決まっています。たとえ、知人にそんな好物件を見つけた人がいたとしても、それは宝くじで数十億円当たるアメリカの夫婦みたいなもので、たまたま強運だったのです。それをハナから期待するとややこしい。ご主人は「優先順位があるといいんだけど」と話していました。部屋の広さなのか、アクセスのよさなのか、家賃なのか。どこを妥協できてどこを妥協できないか、現地のイギリス人たちはそれを最初に言うので、話がしやすく、希望に添った物件を探してあげやすいのだそうです。納得する物件と出会う、それにはまず自分の考えを整理して、条件を明確にする、そこから始まる気がしません？

どこ見て決めた？
〜物件をチェックする

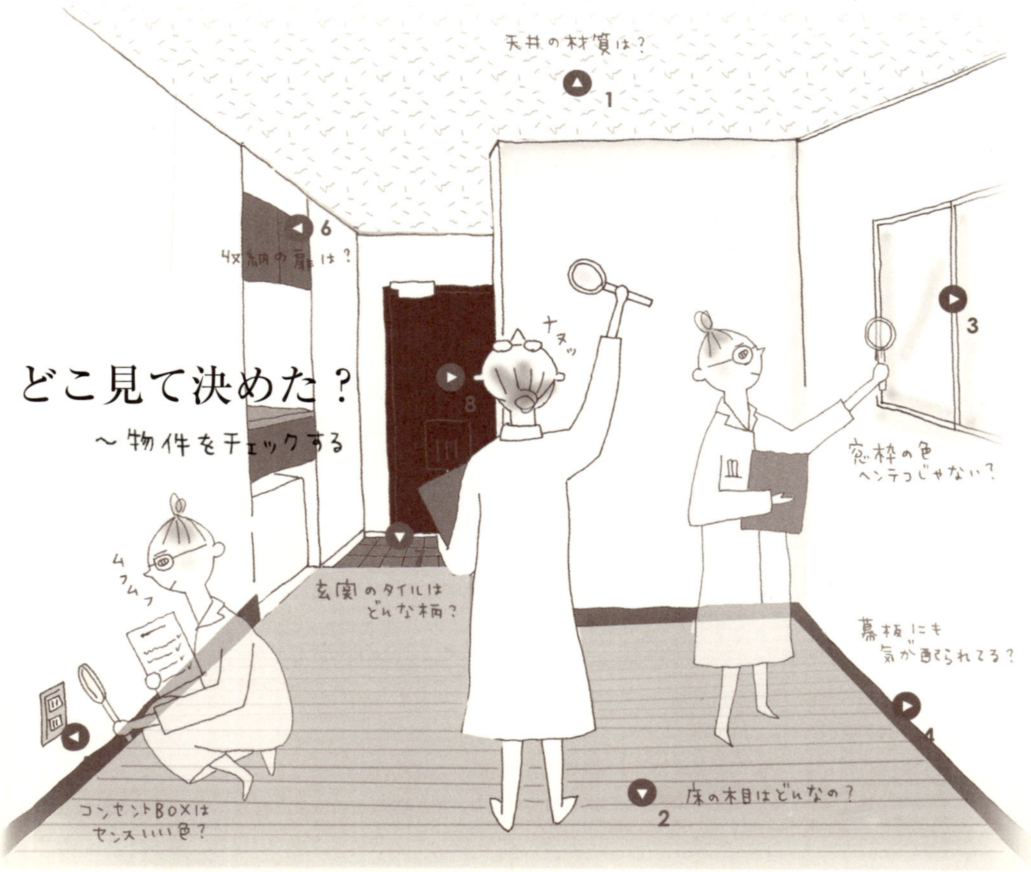

03.

[細部が教えてくれること]　「神は細部に宿る」20世紀の建築家、ミース・ファン・デル・ローエの有名な言葉です。モノを創る人はクリエイティビティが高ければ高いほど、細部に気を配るものだと思います。細部が全体の完成度に及ぼす影響を心得ているから、おろそかにはしないのでしょう。私は商品を買う時も海外でホテルを決める時も、必ず些細な部分に目をやります。細部へのこだわりにつくり手の信頼を見るからです。物件を決める時もそう。マンションの部屋は一見どれも同じように見えますが、実は少しずつ違います。壁紙や床の色はもちろん、窓枠や扉などの建具、幕板やスイッチボックス、建具回りの色選び、細部に目を凝らすと微妙な違いが浮かび上がり、そこにセンスのよしあしが出ています。センスよくベースの整った部屋なら、いいインテリアをつくりやすい。入居前の何もない部屋で、空間の雰囲気を判断するには、つくり手の力量が反映される「細部」に目を凝らすこと。家賃や広さ、日当たり、築年数、周囲の環境はもちろん、部屋の細部に宿る「質」も、物件を見る時に忘れてはならないチェック事項です。

突っぱねられる？

〜物件が決まって考える

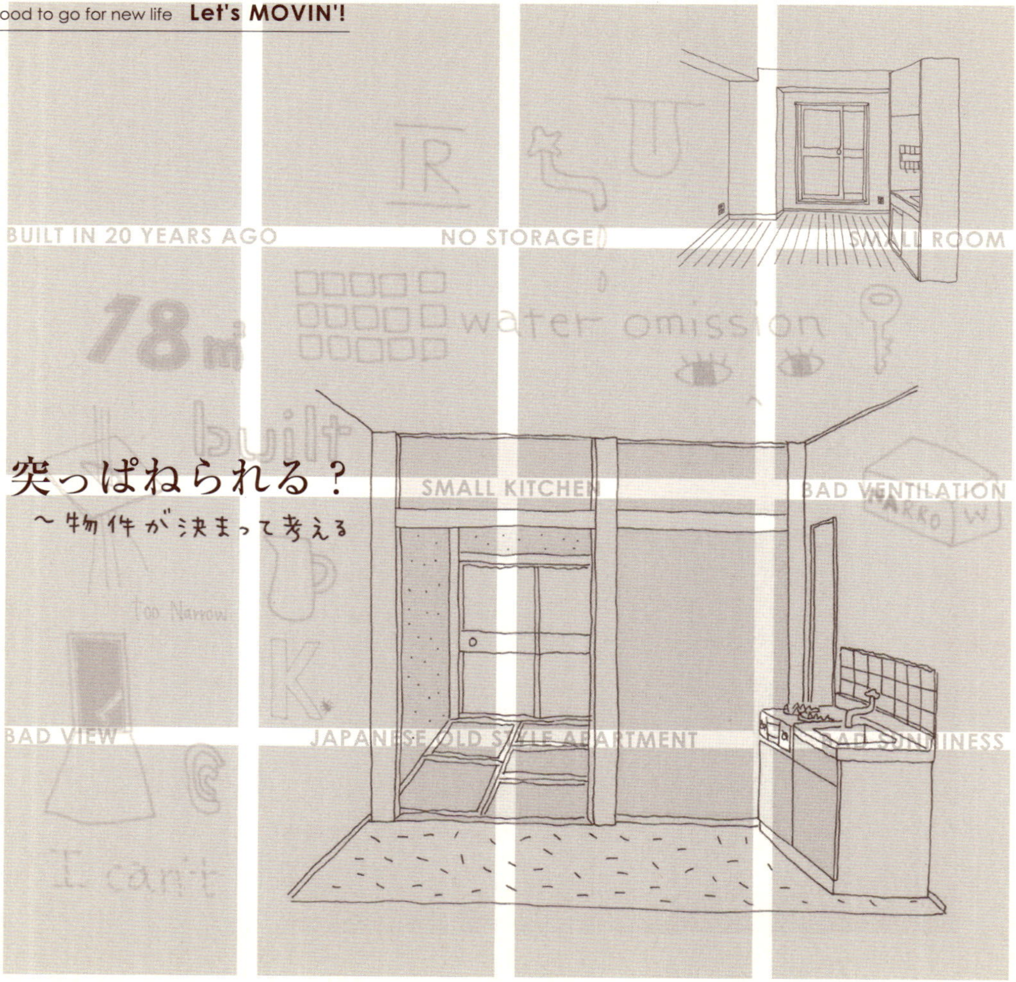

04.

[空間に恵まれなかったあなたへ]　天井の高いすがすがしい空間や、配慮の行き届いた間取り、息を飲むクリエイティブな空間・・。そんな部屋では家具の色やソファのサイズは取るに足らないことで、少々変だって気にならない。空間がよければあれこれ手を打たずとも、カッコイイ部屋ができ上がるのです。ちょうど、スタイルのいい女の子が何を着てもサマになるように。行き着くところ、インテリアは「空間」で決まってしまうものなのかもしれません。私たちの独り暮らしといえば、これといった魅力のない平凡なマンションに、平凡な間取り、そのうえ狭いというおまけつき。お世辞にもいい空間とは言えません。しかし、いい空間がいい住まいの必要条件かしら？　住まいを生活の器とするなら、生活への強い気持ち次第で、恵まれない空間もきっといいものにできる私はそう思います。何事も、悪条件を突っぱねるにはエネルギーが必要です。そのエネルギーは「こうありたい」という情熱から生まれるものです。若い時の挑戦は一生の宝、ここは「どうせ」や「だって」はナシということで、新居への情熱をめらめらさせませんか。

05.

余談。

〜この本を書いた理由

[100個に込める想い] 友達が引っ越しするといつもきかれます。「テーブルはどこで買った？」「イスっていると思う？」「暖房機は何がいいの？」おしゃれでセンスのいい才女たちがことインテリアになると、どこかおぼつかない感じです。皆、自分のしたいインテリアのイメージはあるのだけれど、いざ現実の部屋を前にしたら「素朴な疑問がいろいろわいてきてよくわからない」と言うのです。私はそんな友達を見ながらインテリアに関する情報って偏ってるのかもなぁと思うのでした。書店には、センスのいい「〇〇さんのスタイルブック」といったビジュアルブックや「収納特集！」のような実用書がたくさんあります。しかしそれらはどちらも、そっくりまねないとすてきにならない内容です。自分で一からインテリアをつくる時は、もっと基本的な解説や考え方を教えてもらったほうがその人らしい部屋づくりができるんじゃない？　その後でスタイルブックや実用書を読んだらもっと参考になるのに・・。友達に話すように、あれも教えてあげたい、これも言っときたい、そんな気持ちでつづっていったのがこの100個なのです。

06.

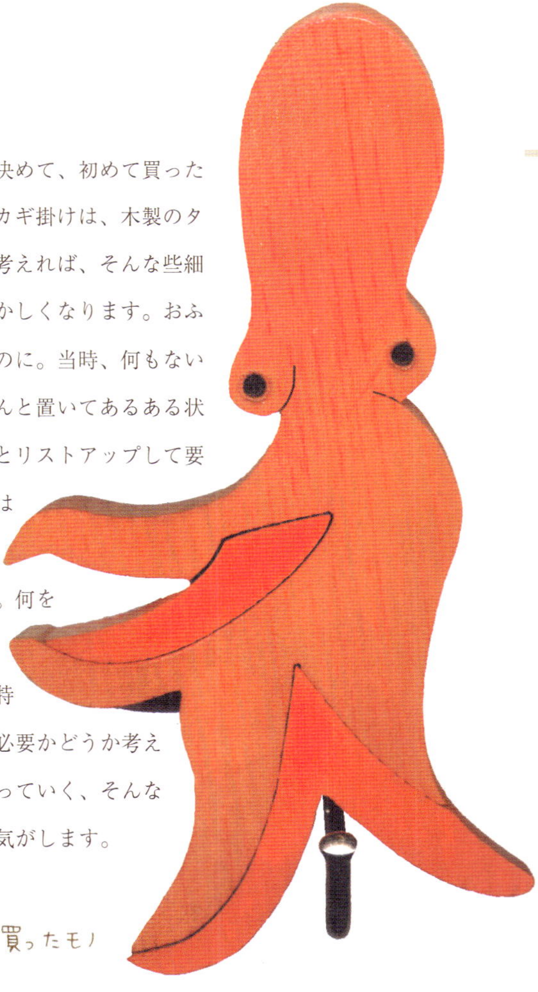

[またまた私の話]　独り暮らしをしようと物件を決めて、初めて買ったモノは玄関のカギ掛けでした。今も愛用するこのカギ掛けは、木製のタコで、一目惚れして即買いしてしまいました。今考えれば、そんな些細なモノをいちばんに買ってもしかたないなぁとおかしくなります。おふとんや食器など、他に必要なモノはもっとあったのに。当時、何もないがら～んとした部屋に、タコのカギ掛けだけぽつんと置いてあるある状態が長く続きました。今なら必要なモノをさっさとリストアップして要領よく準備を始めそうですが、最初の独り暮らしは「生活のすべてが自分で選んだモノで成り立つんだ」という感激を味わっていたのかもしれません。何を選ぶにしても一つ一つ慎重で何回もお店に足を運んで決めていました。必要なモノを効率よく超特急で買いそろえてしまうのもいいけれど、自分に必要かどうか考えながら、欲しいモノを何度も検討して新生活を創っていく、そんなのんびりさも「愛しい我が家づくり」には大切な気がします。

で、何から買う？ ～私が最初に買ったモノ

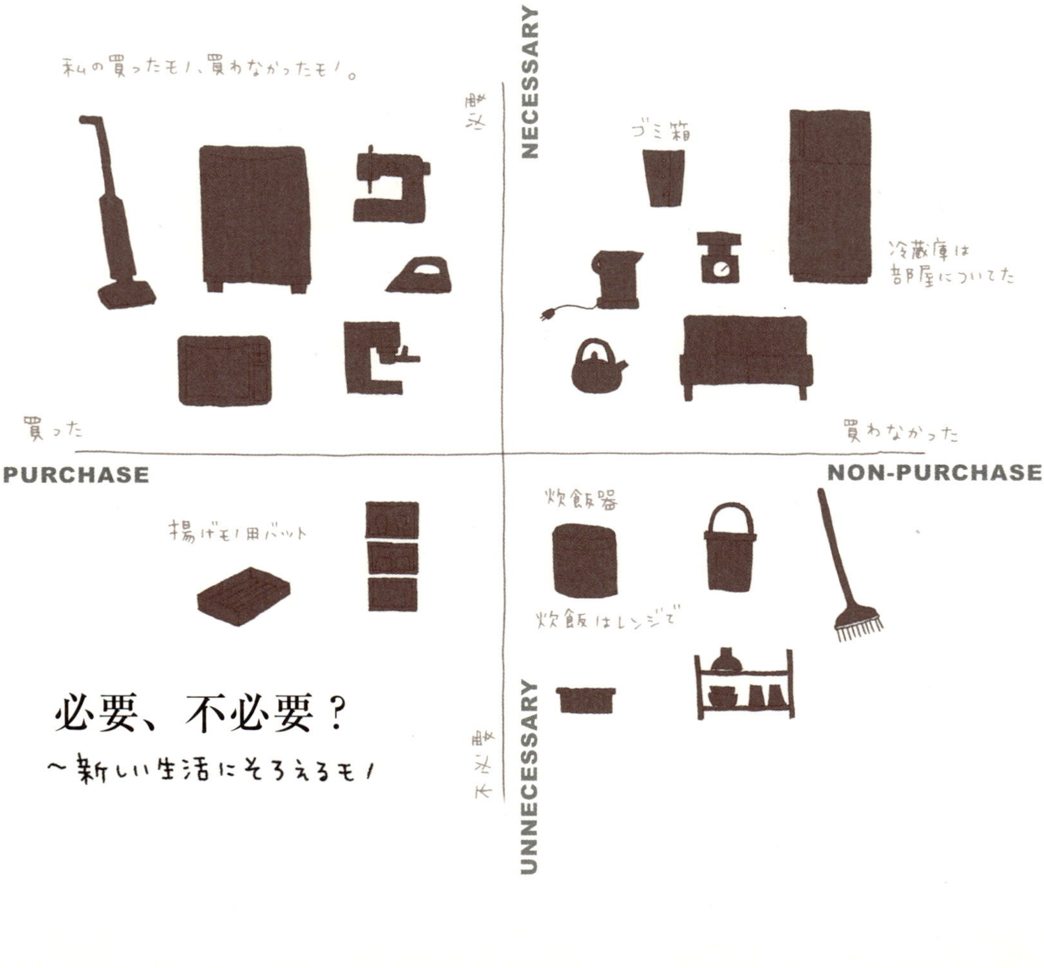

必要、不必要？

～新しい生活にそろえるモノ

07.

[そろうことより過程を大切に] 新生活に何でも一から十まで買いそろえるのはどうかなぁと思います。独り暮らしは家庭のミニチュア版じゃないし、今まで暮らしてきた家族生活に必要だったモノが、独りになっても必要とはかぎらないからです。我が家ではやかんも炊飯器もバケツもないけれど、なくて困ることはほとんどありません。独りで暮らしているのだから、自分が「これでいい」と納得すれば、必要ないモノはなくてもいいのです。それに、親もとを離れてすぐの独り暮らしはインテリアの研修期間です。自分の好きな生活スタイルやモノに対する価値観を培える、またとないチャンスです。最初から何でも買いそろえるのはこの楽しい研修を進んで放棄するようなもの。悩んで考えてそろえていくから、不要なモノに囲まれない快適な住まいができ上がります。研修生の間はどんなモノも「買わなきゃいけない」と思う前にいったん「本当に要るのかな」と考えてみましょう。そして、お母さんが持たせてくれる引き出物のタオルも、気持ちだけいただいて自分でそろえると言ってみる。なかなか言えないんですけどね。

インテリアって何？ 〜インテリアの定義

LAYOUT レイアウト

部屋の中の「計画・計算」をすること。

COORDINATION コーディネート

雰囲気をつくること。

08.

[ここで決着、インテリアとは]　インテリアと一口に言っても、この言葉には「レイアウト」と「コーディネート」二つの意味が含まれています。基本的にこの二つをごっちゃにしないように。オホン。「レイアウト」とは、どこにどの家具を置こうか？洋服の収納はどこにしようか？手持ちの本を全部収納できる本棚はどんなものか？　大きく、くくって言えば、部屋の中の「計画・計算」をすることです。数字をきっちり出して、適切なサイズの家具を選んで、しかるべき動線になるようモノを配置する、それが目的です。それに対して「コーディネート」は「雰囲気」をつくることです。ナチュラルやモダンといった、テイストにまとめる。温かい、冷たいといった印象をつくる。家具や雑貨の選び方、色や材質づかいで、部屋を何かしらの統一したイメージにすることです。インテリアにはいろいろな手法がありますが、狭いワンルームでは空間を上手に使った「レイアウト」があってこそ「コーディネート」が映えるように思います。インテリアの意味も踏まえつつワンルームだからこその飛び道具も使いながら、楽しく挑みましょ。

② is it a cinch ? **LAYOUT**

部屋のレイアウト

では、始めましょうか？

～ベッドの位置を決める

pattern A --- 部屋の長辺にベッドを置く。

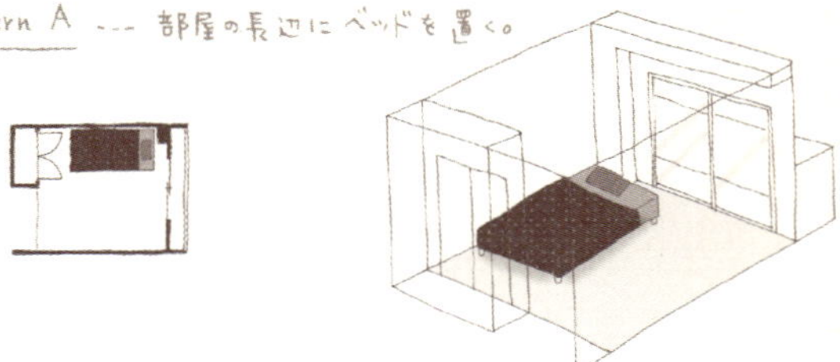

長方形の部屋に対して、ムリのない素直な置き方。残りスペースもクセのない四角形になる。

---

pattern B --- 部屋の短辺にベッドを置く。

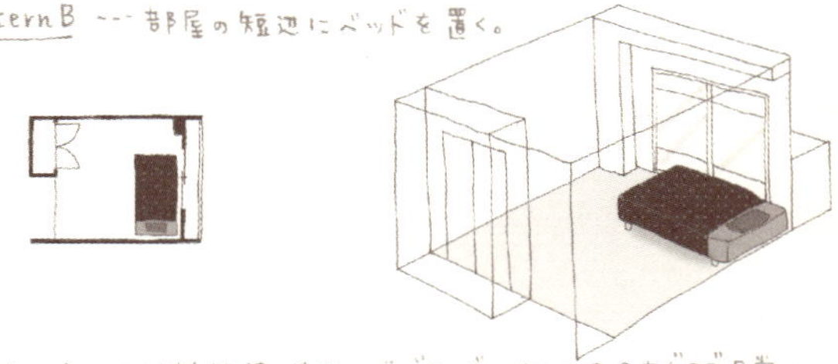

残りスペースは比較的使いやすいが、ベランダの出入口をふさぐので日常は少々不便あり。梁がなければ、出入口から見えないので逆のほうが◎。

---

pattern C --- 部屋の真ん中にベッドを置く。

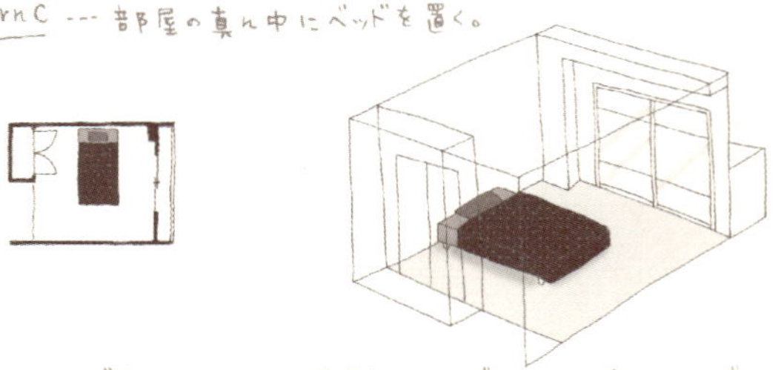

残りスペースが変則的になるので、特に理由がないなら避けたほうがベター。扉の開閉、ベランダへの通路、テーブルの置き場所に注意。

09.

[やっぱり、ベッドからです] レイアウトの具体的な作業として、いちばん最初にしたいのがベッドの位置決めです（おふとんの人は参考までに）。狭い部屋ではベッドは床面積を占める大物で、スペースをやりくりするキーアイテム。さらにベッド周辺は生活感の出る所でもあります。最後に玄関から丸見えの場所しか残らなかった！では困るので、新居に入ったらあれこれ家具を運び込む前に、ベッド位置を決めるのが効率的というわけです。ベッドの位置は部屋の形から数パターン考えられますが、その中でＮＧは次の三つ。ベッドが開口部をふさぐ、部屋の動線を乱す、ベッドを置いた残りスペースが使いづらい。基本的に生活行為の邪魔になるようなベッドの置き方は避けたほうがいいということです。で、この三つを消去し、残った中から好きな位置を選びますが、その時実際に寝てみることも忘れずに。実はこれがひそかなポイントで、横になって落ち着かない場合はたいてい、目線・動線・圧迫感のどれかに不具合があります。頭の位置も大切なので、ごろごろ寝てみて気分が落ち着く場所で最終決定するといいでしょう。

これで、決定？

〜だらだらしない部屋づくり

10.

［脱だらだらに、ＬＤＢ］ 独り暮らしのずるずるだらだらの悪因は、狭さでなく、レイアウトのまずさにあり。そう断言します。何の区切りもないワンルームでは、部屋をどう使ってもいい代わりに、どこで何をしたらいいか特に指針もありません。この指針なきまま適当にモノや家具を置いてしまうと、寝る場所で食事をしたり、くつろぐ場所で寝たりというだらだら生活をつくってしまうのです。それも独り暮らしっぽくて楽しい気もしますが、長く住んでいるともう少し落ち着いた気分で過ごしたくなります。狭いワンルームをそれなりの落ち着きでもって「住まい」と呼べるものにするには、ＬＤＢを意識したレイアウトにすることです。といってもワンルームの狭い部屋を物差しで区切るような厳密なものではなく、どの辺りが「くつろぐ＝Living」「ご飯を食べる＝Dining」「寝る＝ Bed」場所かを簡単に決め、それぞれが落ち着くようレイアウトに気を配るのです。この心づもりのようなＬＤＢ計画が一続きの部屋の見えない壁となって、落ち着きを生んでくれます。入居すぐにＬＤＢを計画してもいいし、レイアウトが完了してからでもいい。

② is it a cinch ? LAYOUT

1 「寝」と「食」の距離を離して区別

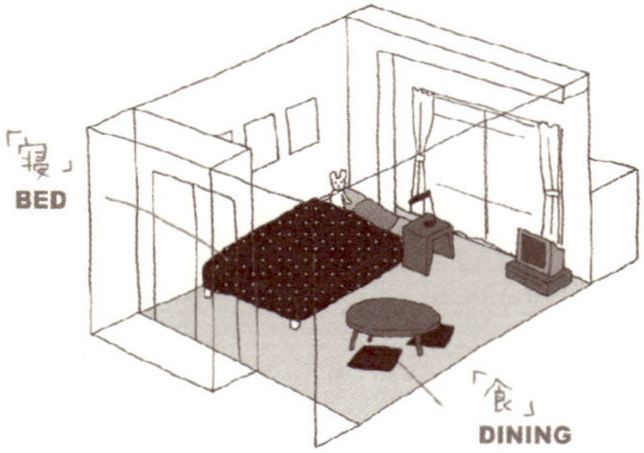

「寝」
BED
「食」
DINING

- ベッドとテーブルの位置を変えるだけなので簡単。
- 残りスペースは広々するが、区別は完全でないので、互いが見える。

2 「寝」と「食」を家具で仕切る

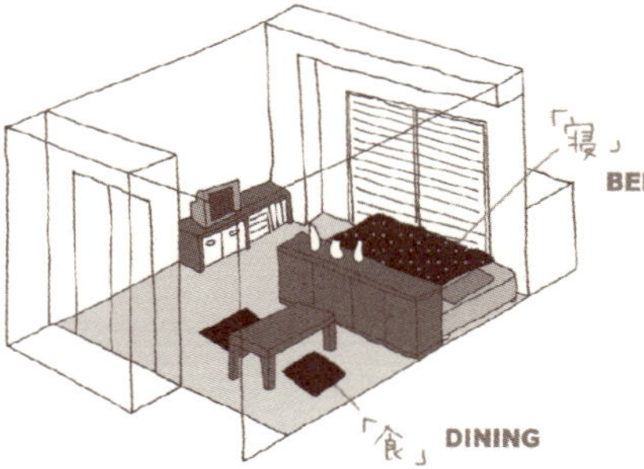

「寝」
BED
「食」
DINING

- 完全なLDBが実現。
- 家具のサイズが悪いと、圧迫感が出たり部屋が狭くなる。

Which one?

お宅はどのタイプ？

- 部屋が狭くなるのはイヤ → 1
- しっかり「寝」と「食」を分けたい → 2
- あいまいな仕切りがいい → 3 or 1
- 部屋が狭くて「寝」と「食」が隣り合う → 3
- 手間はかけたくないなぁ → 1

3 「寝」と「食」の間に目隠しを作る

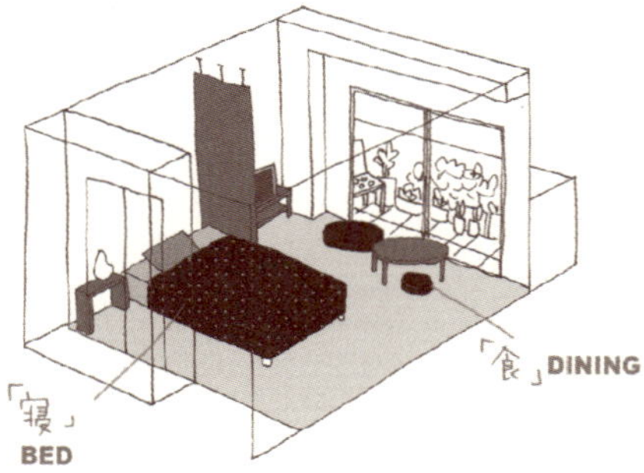

「食」DINING
「寝」
BED

- 布の目隠しは場所を取らず、狭い部屋の仕切りに◎。（色・サイズに注意！）
- 布以外の目隠しはグリーンやパーティション等。

[ワンルームを寝食分離！]　とにかくポイントは、「くつろぎ＝Living」「食事＝Dining」「就寝＝Bed」の三つのうち、「食」と「寝」の区別を意識してレイアウトをすることです。「食」は友人が集まったり、パブリックにも使う場所。それに対して「寝」は人の目にさらさないプライベートな場所です。「食」と「寝」が互いに目に入らないことで、食事がないがしろになることなく、就寝時も生活のあれこれが目に入らずリラックスできます。「食」と「寝」の分け方には左ページのようにいくつかありますが、どれを選ぶかは生活スタイルや好みで決めるといいでしょう。もしデスクやソファなど他にも家具を置く予定があれば、この時点で一度全体のレイアウトを計算し、それから決めるのも良策です。そして「くつろぐ」場所は、専用のスペースや区切りは必要ありませんが、忘れてはいけません。本を読む、メールを打つ、だらだらする。ソファやベッドの上、どこでもいいので何気ないことのできる余裕も部屋に持たせましょう。こうして、それぞれの場所を意識し少し区別することでだらだら生活とはオサラバなのです。

SAMPLE いろいろなタイプの部屋をLDBで分けてみる!

1 「寝」と「食」の距離を離して区別

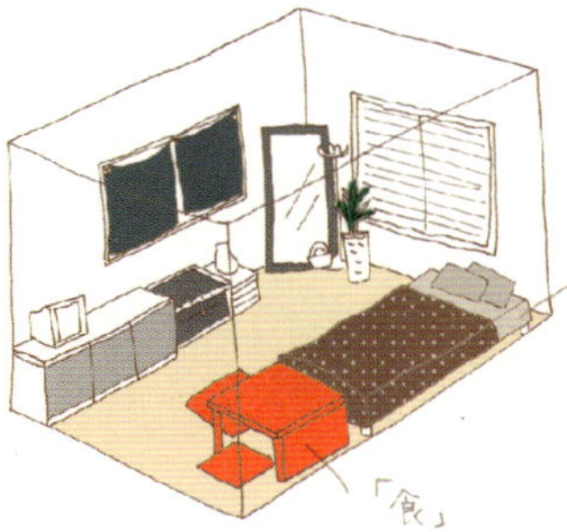
「寝」
BED
「食」
DINING

ベッドとテーブルを並列に置いて距離を離す。
細長い部屋向き。

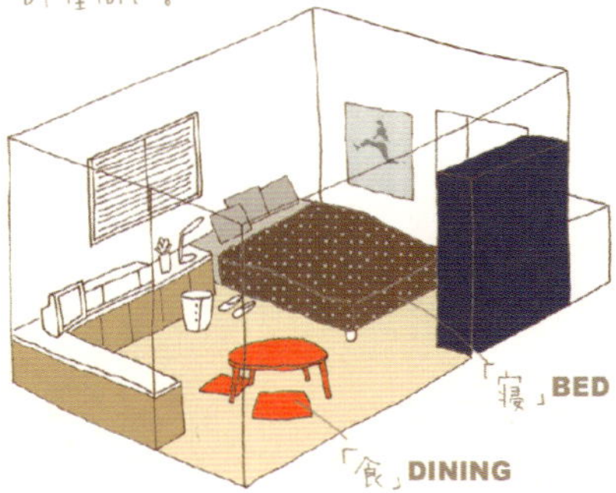
「寝」BED
「食」DINING

ベッドとテーブルを対角線上に配置。互いが見えやすいレイアウトなので、離す距離が短い場合は、別案のほうが○。

2 「寝」と「食」を家具で仕切る

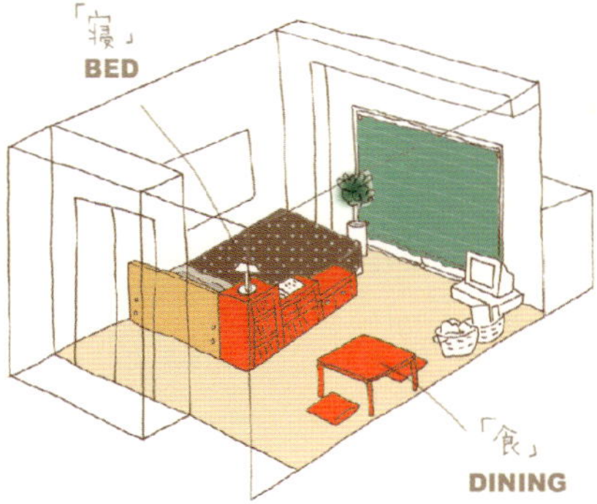
「寝」
BED
「食」
DINING

部屋の長辺に置いたベッドとテーブルを階段状の家具で緩やかに仕切る。

2 「寝」と「食」を家具で仕切る

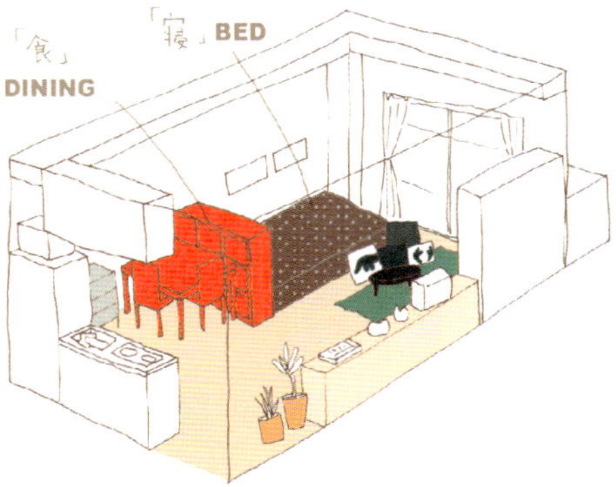

ダイニングテーブルでの「食」。テーブルとベッドの高低差を感じさせないよう、高さのある家具で独立させる。

3 「寝」と「食」の間に目隠しを作る

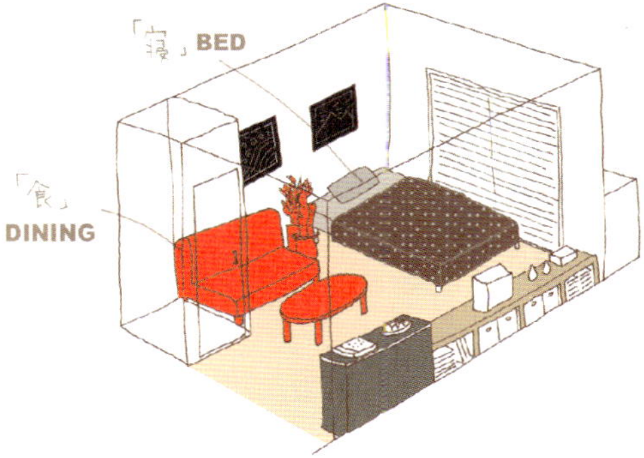

観葉植物であいまいにベッドを目隠し。植物は背丈に注意して選ぶ。

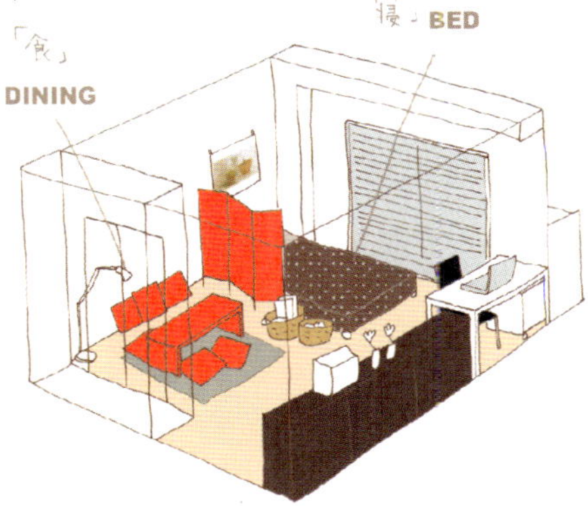

パーティションで部屋を2分割。圧迫感が出るので、テーブルはパーティションに近づけすぎないように。

テレビは見る？

〜残りの家具を配置する

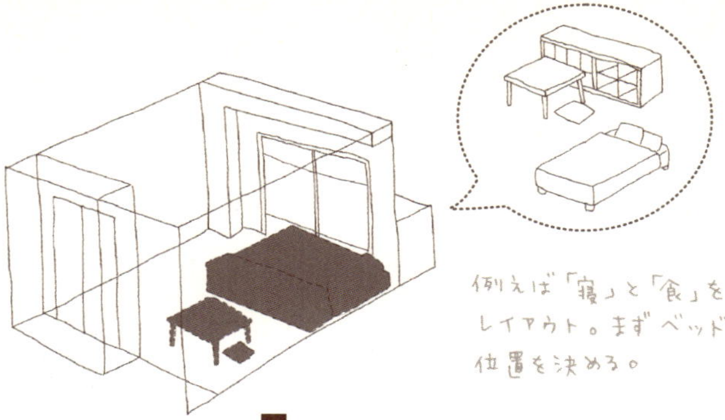

例えば「寝」と「食」を家具で仕切るレイアウト。まずベッドとテーブルの位置を決める。

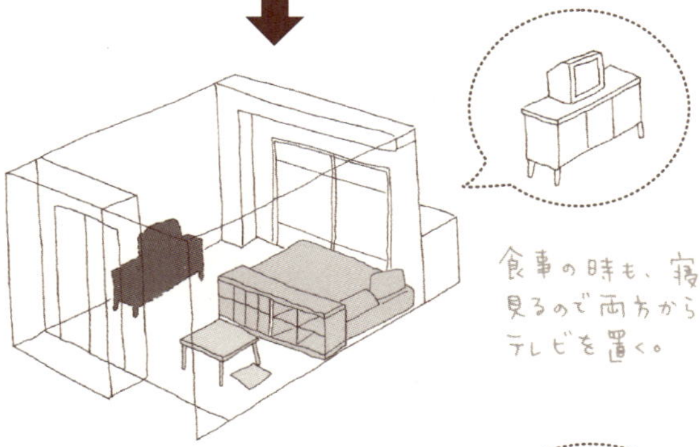

食事の時も、寝ながらもテレビを見るので両方から見える位置にテレビを置く。

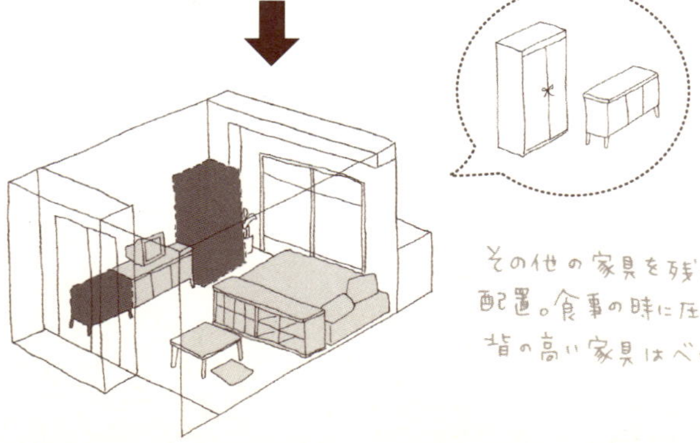

その他の家具を残ったスペースに配置。食事の時に圧迫感が出るので、背の高い家具はベッドのほうへ。

11.

[あとはテレビにお任せです]　ここまででベッドとテーブルの位置が決まります。あとは他の家具をどう置くかです。洋服ダンス、本棚、デスク、リビングボード・・寝食以外の家具はいろいろあってどれを置くかは個人差がありますが、ここでポイントになるのが「テレビ」です。好き嫌いは別として、とにかくいつテレビを見るか？を考えてみてください。寝る前？ベッドでごろごろしながら？食事の時？どっちも？　テレビは、見る場所から逆算して設置します。例えば、食事の時と寝る前という人なら、テーブルとベッドから見える位置にテレビを置きます。また食事の後に30分程度しか見ないというなら、テーブルから見える位置でいい、というわけです。こうやって自分がいつテレビを見るかを考え位置を決めれば、ここからは簡単。さほど残ってはいないスペースに、高さの問題（あまり高低差ができないように)、動線の問題(出入りや生活の邪魔にならないように）を配慮して、その他の家具をどこに置けばベストか考えると、全体のレイアウトが見えてきますよ。

1 「寝」と「食」の距離を離して区別

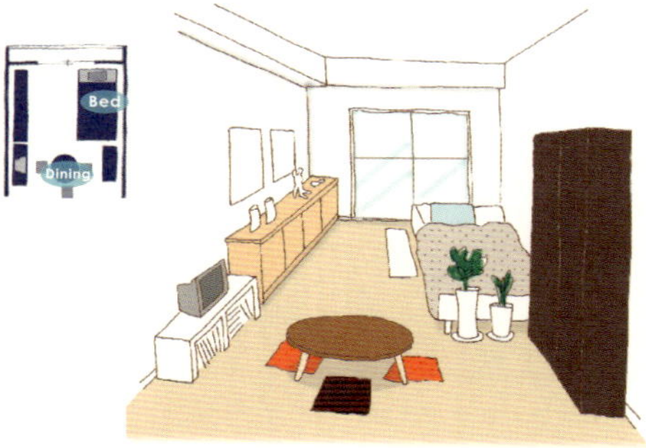

ベッドとテーブルを離し、植木で視線を遮る。

2 「寝」と「食」を家具で仕切る

日の当たるベランダ側に食事スペースを設ける。

一つじゃないの～レイアウトの変更

2 「寝」と「食」を家具で仕切る

家具でしっかり食事スペースとベッドを分ける。
ソファを置くなら省スペースに四角いテーブルを。

3 「寝」と「食」の間に目隠しを作る

同系色の布でベッドと食事スペースを仕切る。

12.

[ベストへの試行錯誤]　ここで少し、気の楽になるお話をしましょう。「レイアウト」では軽率な心変わりも許されるのです。こうと決めても、気に入らなければ何度も変更してもいいのです。「私は部屋を広く使いたいから布であいまいに仕切るのよ！」よくよく考えてそう決意したとしても、実際そのように家具を配置して何か違うと思えば「やっぱりやめた！」と別案に乗り換えても問題ないのです。むしろ頭で考えた決め事にとらわれすぎて、実際の居心地に鈍感になるほうが問題です。狭いワンルームの部屋でも、自分が思っている以上にレイアウトは可能性を含んでいます。壁に沿わせることしか考えていなかった収納家具を間仕切りにしたり、思い切ってベッドを部屋の手前に持ってきたり・・。少し発想を変えアイデアを出してみれば、今持っている家具もいろんなふうに応用がききます。そうやって、いくつかのレイアウトを試しているうちにきっと自分にとって居心地のいい、それでいて空間にも無理をしない唯一絶対のレイアウトと巡りあえるはずですよ。ただし「Ｎｏ.10」のＬＤＢ計画はお忘れなく。

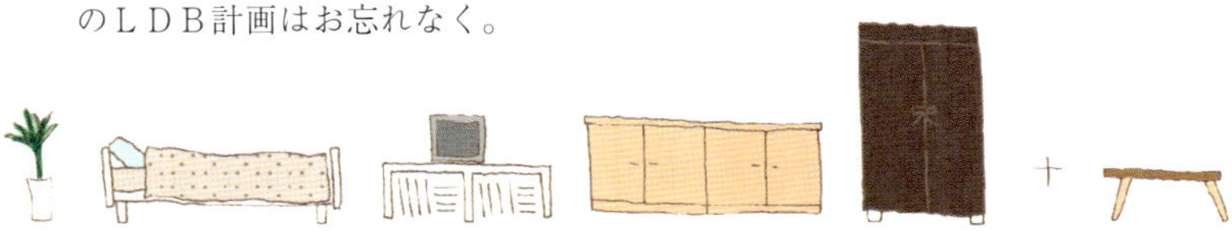

← 同じアイテムをいろんなレイアウトで配置してみる。

隙間は、ない？

～整然とした印象をつくるには

隙間がごちゃごちゃ感をつくる。背の高い家具は圧迫感を生む場合も。

家具を端から二つ並べて「長いライン」をつくる。

13.

[スッキリには長ライン]　本の並ぶライン。家具を置いたライン。収納用品の並ぶライン・・。どんなものも、スッキリした印象をつくるコツは、ラインです。それもそのラインは長ければ長いだけいい。長く続くラインは規律をもたらし、視線をもたつかせないのです。レイアウトの時、大きな家具は置きたくないからと、小さな家具をいくつか置くと、部屋にとぎれとぎれの隙間がたくさんできます。このふぞろいの隙間がごちゃごちゃ感を生み、部屋の整然とした印象を鈍らせます。スッキリした部屋にするには、家具のカタチをそろえ、それを数個並べて長いラインを心がけることです。もしくは、間口サイズの大きな家具を選びましょう。例えば本棚を置く場合なら、間口900×高さ1800mmの本棚を一つひょろりと置くよりも、間口900×高さ900mmを二つ並べる、といった具合です。もっといいのは三つ、四つ並べて、部屋の一辺を端から端まで本棚で埋めてしまうこと。「スッキリには長ライン」頭の片隅に置いて、レイアウトに生かしましょう。

あれこれ丸見えです

～落ち着く部屋のために

玄関から丸見えのベッド。

コートハンガーを眺めての食事。

テーブルを見ながら就寝。

ゴロリと振り返れば掃除機。

14.

[目線のデザイン]　意外と話に上りませんが、インテリアでの「目線」はとても重要です。外で食事をする時もオープンカフェの向こうに○○工業と書かれた社用車が並ぶんじゃムードないし、入口近くで人に見られながら飲むコーヒーも落ち着かない。生活空間もそれと同じで、パソコンを見ながら食事をしたり、コートハンガーを眺めながら眠りにつくのは、決して落ち着くものではありません。狭い部屋では、空間で逃げることができないので、いろんなモノが肩寄せ合って何でも目に入る状態です。そんな家財道具ジャングルのような部屋に落ち着きをもたらすのが、目線のデザインという知恵です。ベッドに横になった時に何が見えるか？テーブルに座った時はどうか？　その場から見えるものを確認し、目に入るものが目障りにならないよう配慮するのです。レイアウトではそれぞれが干渉しない位置に家具を置き、それでも見栄えの悪い所が発生したら、グリーンを置くなど目線を遮る方法を考えます。目線を計算する、もう一歩踏み込んだレイアウトで、部屋での落ち着きはぐっと変わりますよ。

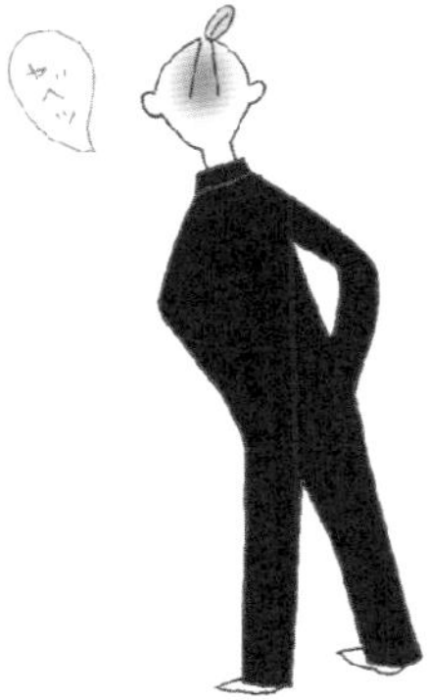

くつろぐ場所からの目線をチェック

寝転んだ時は？

帰ってきたら、何が見える？

時にはこだわるな

〜狭い部屋の問題解決

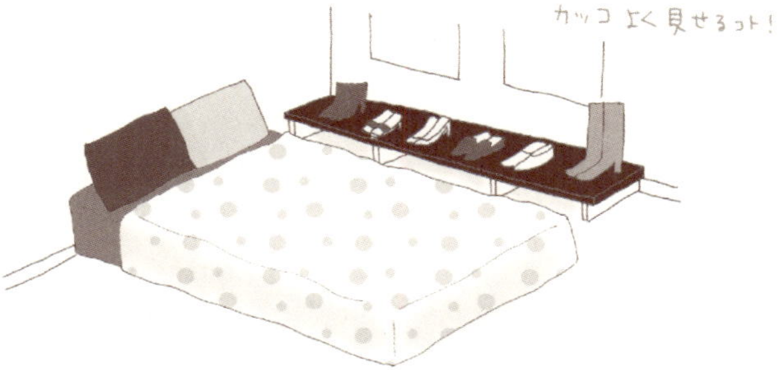
カッコよく見せるコト!

狭い玄関からはみ出した靴をベッドサイドに。

油が飛ぶので、
大切な本はBOXに。

あふれる本の居場所をキッチンに。

土鍋、浮き輪、
旅行カバン
キャンプ用品

ふだん使わないモノをまとめてベランダに。雨風注意。

15.

[心を尽くして無視をする] わざわざ言うのもどうかという話、我が家では下着は玄関の棚に収納しています。玄関のそばにお風呂場があるし洋服収納に使っている吊り戸棚では毎日の取り出しに不便だし、とあれこれ悩んだ結果、なんとも失礼な場所が定位置となりました。もちろん見えないように、ですよ。それを正当化するわけじゃありませんが、狭い部屋を上手に住みこなすには、時には常識や既成概念を無視することも必要です。どうしても場所が工面できないのに、ここはリビングだから、ここはキッチンだからと既成概念にとらわれていては、解決の幅を狭めてしまいます。それに狭い部屋では、すべてを平均的に満足させることも難しいものです。どんなにしっかりレイアウトを考えても無理なものは無理です。ベランダに使わない食器、リビングに靴、キッチンに本棚、玄関に下着、ま、それもいいでしょう。ただ、こういう時は必ず「人の目から見て気分いいこと」を忘れないように。泥だらけのスニーカーの横で「さ、召し上がれ」と、お茶とケーキを出されても気分のいいものじゃないですからね。

3 how long…? **SIZE&MEASURE**

サイズ・サイズを測る

ちゃんと測ってください

～サイズの重要性

サイズが大きすぎて、まともな通行ができない

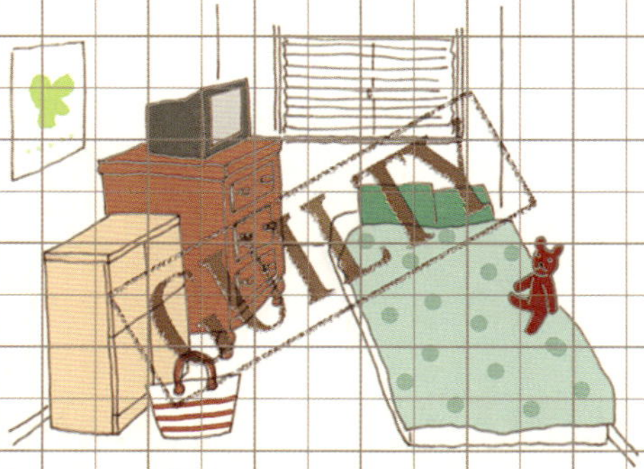

奥のチェストがスマートだったら、もっと見た目がいい。

テーブルが大きすぎて、親近感が生まれない

16.

[それはもう罪である] 不適切なサイズは、インテリアにとって罪だ！そう言い切ってしまいたいと思います。その罪に名をつけるなら、まず一つめが動作支障罪。テーブルが大きすぎたために、恋人どうし向かい合っても会話が弾まない、トイレに行くたびによっこいしょとテーブルをまたがないといけない。サイズが不適切なばかりに、しなくていい動作が増えたり、しなきゃいけない動作が鈍ったり。これらは機能として空間に悪影響です。そして、二つめがビジュアル破壊罪。家具の奥行きが大きすぎたために、もったり重苦しい部屋になったり、背の高い家具がぽつんと違和感を生んだり。ほんの数ｃｍのサイズ違いが、見た目の統一感や完成度を狂わせてしまうこともあるのです。これは生活に実害はないけれど、空間に対しては美的に大打撃。サイズは単に数字の問題ではなく、インテリアでは機能、見た目、さらには心理面にもかかわる「要」。要のしっかり押さえられたインテリアは、特別なセンスで飾り立てずとも使い勝手よく心地よいものです。二つの罪が背後に潜むことを感じながら要を押さえて地に足の着いたインテリアにしましょ。

1 W=× D=× H=○

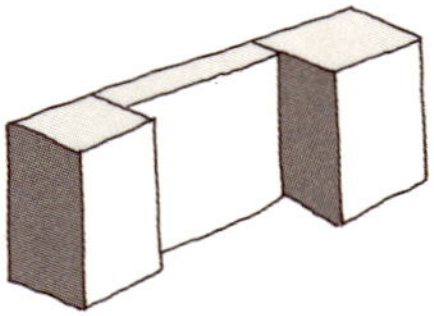

2 W=× D=○ H=×

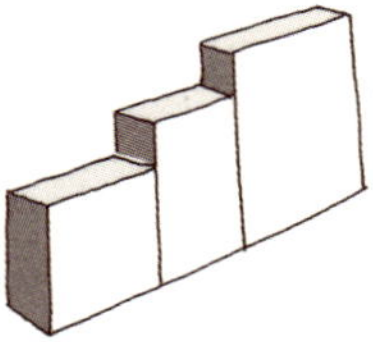

3 W=○ D=× H=×

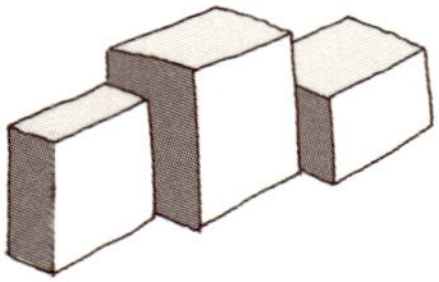

凸凹とは？

～サイズをそろえる

4 W=○ D=○ H=○

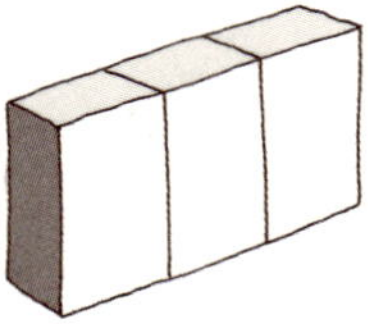

5 W=× D=× H=×

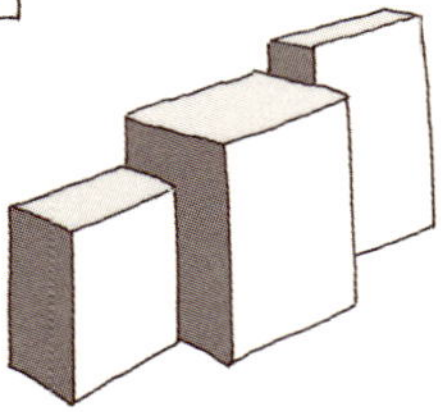

6 W=× D=○ H=○

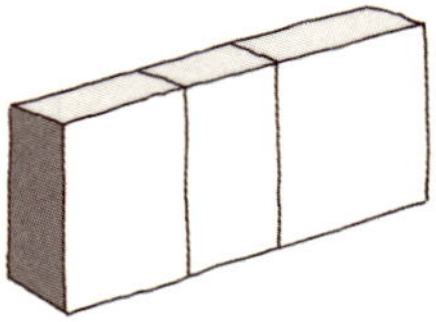

7 W=○ D=○ H=×

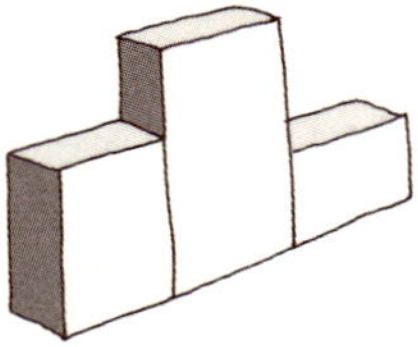

8 W=○ D=× H=○

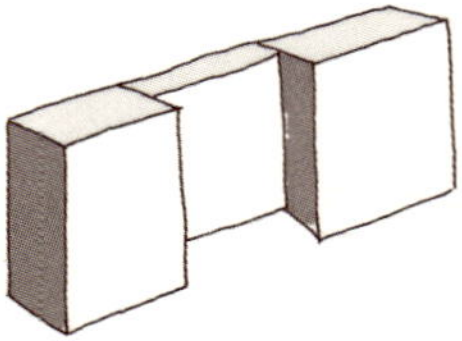

W＝間口　D＝奥行き　H＝高さ

17.

[すべてのカギは奥行き] 家具屋さんで店頭販売のお手伝いをした時、お客さんが家具の「間口」、「高さ」にはとても注意を払われるのに「奥行き」にはほとんど関心がないので驚いたことがあります。確かに間口を気にしないと、入る、入らないという問題に直面します。高さも窓をふさいだりするので重視すべき点です。しかし。部屋のスッキリ感という視点で家具を選べば、いちばん気にしなければならないのは奥行きです。部屋に統一感がなく、なぜかごちゃごちゃして見えるのはたいてい奥行きのふぞろいが原因です。システム家具やシステムキッチンを思い浮かべれば「そろう」ことがどれほど統一感をもたらすかよくわかります。部屋をシステム家具のように「そろっている」印象にするには家具の「奥行き」をそろえること。間口や高さのふぞろいはあくまでも壁に対して２次元の凸凹にとどまりますが、奥行きの凸凹は空間に関係します。部屋の床面積を生かすのも、部屋をそろった印象にするのも「奥行き」がカギ。このカギさえしっかり握ればサイズは意外と楽勝ですよ。

きっちりしてる？～サイズは正確に

メジャーでmm単位まで
きちんと測る。ココが基本。

隙間も頭に入れて。

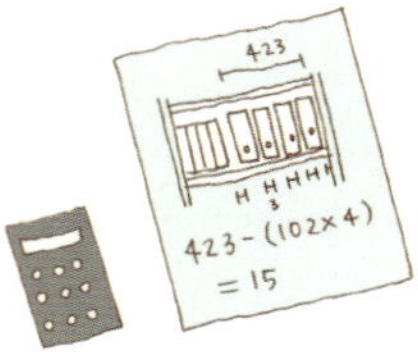

ぴったりサイズをはじき出す。

計算したとおりの
サイズを探す。

何軒も
何軒も探しまわる。

通販も探す。

イエイ! あったぞ。

うーん、サイコ!

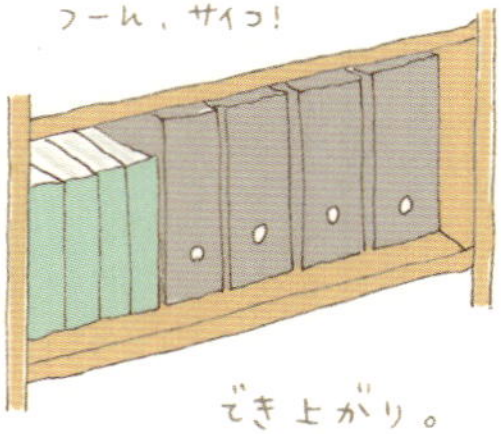

でき上がり。

18.

[検査官と鬼警部で、格闘する]　正確な計測は正確な結果を導くものです。その昔、いいかげんな分量でお菓子作りに失敗したことはありませんか？　インテリアもあのふくらまなかったシュークリームと同じ、適当には適当なる結果が待っているのです。インテリア上手になる第一歩は、とにかく「サイズを正確に測る」これに尽きます。メジャー片手にｍｍ（ミリメートル）まで正確に測る。ま、いいかと多少のはみ出しや隙間に寛大になってはいけません。検査官（何の？）のような厳格な目でサイズを測り、鬼警部のような執念深さでサイズどおりのモノを探し歩く。そうやって地道な正確さを積み重ねてこそ、見栄えのいいインテリアができ上がるのです。一つだけはみ出した収納用品や、必要以上に大きかった家具、そんなところによりすぐりの雑貨を置いてもあんまりサマにならないっしょ？　失敗なくでき上がったシュークリームが作る時の苦労を感じさせないように、サイズの正確なインテリアにも計測による堅苦しさは残らないものです。すべては見栄えのいいインテリアのため、その一念でコツコツ数字と格闘あれ。

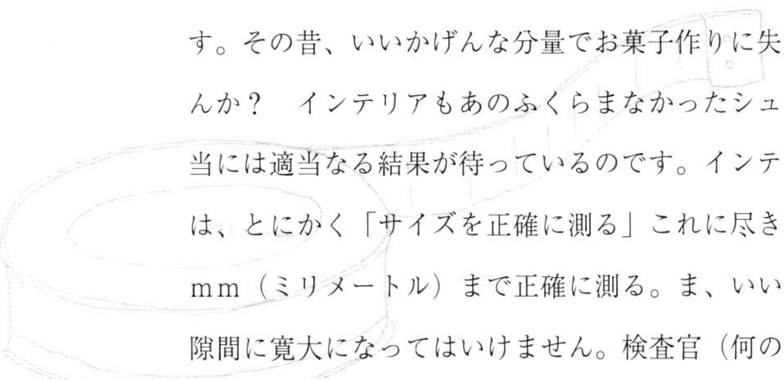
コンパクトなメジャーを
一つ持っていると便利。
(francfranc。¥480)

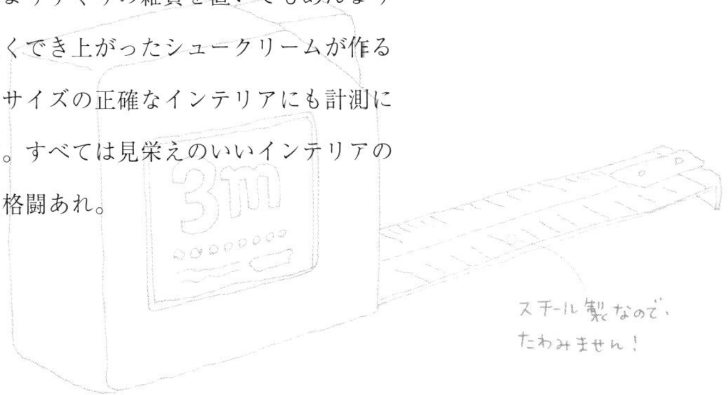
3m
部屋のサイズを測るにはストッパーつきの
コンベックス(スチール製巻き尺)がおすすめ。
(ホームセンターなどで。¥2000くらい)
スチール製なので、
たわみません!

ちょうどいいサイズ？

～壁系家具のサイズ

① 家具を置く場所の間口を測る。

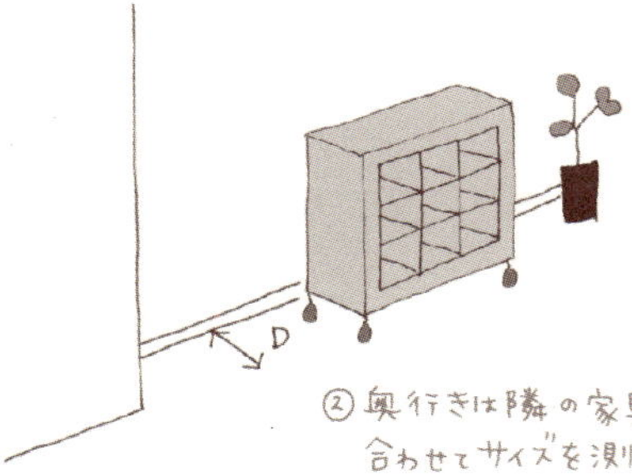

② 奥行きは隣の家具や部屋の梁に合わせてサイズを測る。

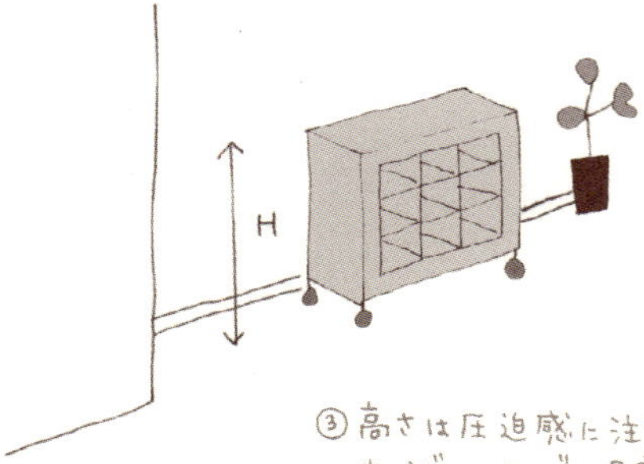

③ 高さは圧迫感に注意して、ちょうどいいサイズの目安をつける。

19.

[三つの計測から判明です] もろもろのサイズの中でも、いちばん失敗が響くのが家具のサイズです。私の分類するところ、家具には「壁系」と「床系」があり、それぞれに適切なサイズの見極め方が違います。まずは、食器棚や本棚など壁に沿わせて使う壁系家具。これらの家具はサイズをきっちり押さえて、必要以上に凸凹を作らないのが、狭い部屋の基本です。サイズを押さえるには、間口→奥行き→高さの順で実測すればおのずと目安がつきます。最初に測るのは「間口」、ここでは何mm幅の家具が置けるかを調べます。空きスペースならその間口を実測、いくつか家具を置く場合は何mmの家具が設置可能かを見ます。次に「奥行き」は、凸凹を作らないよう、隣り合う家具や梁のサイズを測ります。家具が一つの場合は極力小さい数字にし、家具が並ぶ場合は隣と合わせます。最後に「高さ」は、窓をふさがないか？圧迫感を与えないか？をチェックします。これには答えがないので、どの辺りまで家具がくるかメジャーを伸ばし想像しながら目安をつけます。以上三つの計測で、望ましいサイズが判明です！

リビングボード、食器棚、本棚…壁に沿わせて使う壁系家具

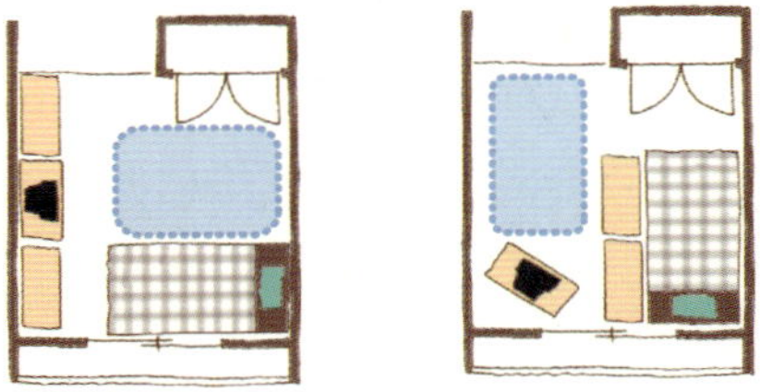

レイアウトが終わり、残った床面積の大きさ、カタチからサイズを見極める。

こちらは、いかが？
〜床系家具のサイズ

残った床面積が小さい場合は
場所を取らない
小ぶりな四角いテーブルを。

長方形に残る場合は
横長のテーブルか
正方形のテーブルに向かい合う。

大きく正方形に残る場合は
丸テーブルや四角いテーブルで
4辺に座ることも可能。

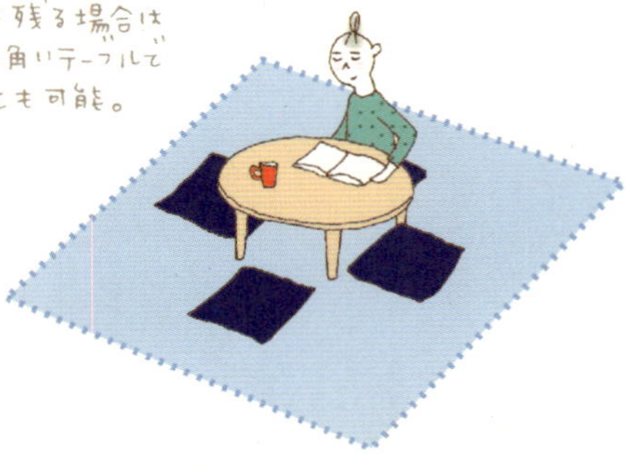

一般的に言われるテーブル周りの必要スペース。

20.

[残ったスペースから判断です]　床系家具であるソファやテーブルのサイズには、壁系家具と違って、これといった計測手順がありません。基本的には、どこにどんなサイズのものを置いてもＯＫなのですが、これが逆に難しさにもなる。適切なサイズを見極めないと、往々にしてサイズの合わない家具で部屋全体のバランスを崩してしまうからです。部屋にちょんと置かれたテーブルも心細い感じだけれど、部屋にめいっぱい置かれたソファも息苦しい。要は家具とそれを置いて残った床面積とのほどよさが大切なのです。ここで失敗を避けるなら、床系家具は部屋のレイアウトを決め、家具も小物もすべてセッティングするまで買わないようにしましょう。「最終的に部屋に残ったスペース－ほどよい余裕＝ぴったりな家具のサイズ」で適切な家具のサイズをはじき出す。これなら頭の中で想像しなくても、実際に目で確かめられるので実物とイメージの誤差も最小限です。残りスペースが正方形なら丸テーブルやソファとも相性がよく、小さな長方形ならソファは置かず、横長のローテーブルなどで長方形を生かしましょう。

ローテーブル、ソファ…壁に沿わせたり、床の真ん中に置く床系家具

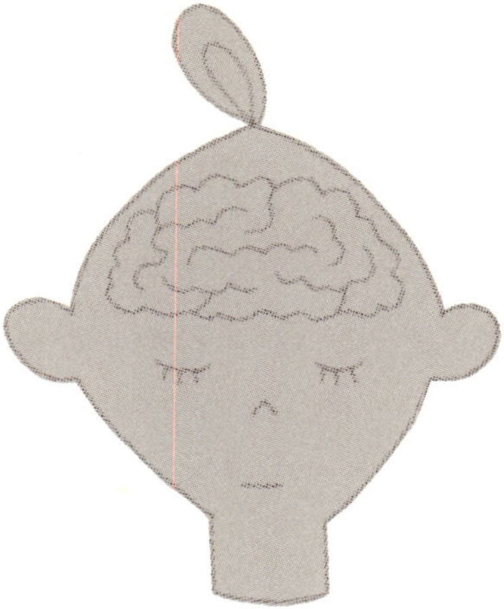

どちらも大切に。

〜インテリアを考える時

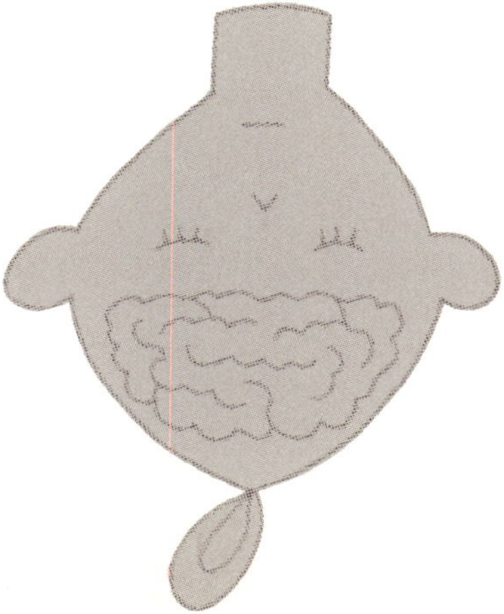

21.

[主観と客観を行き来する]　ここで忘れないためにいま一度。インテリアを考える礎は、客観的で主観的な思考だと私は思います。客観的な意見というのは便利ですが、時として人間味に欠けることがあります。逆に主観は事を成す源ですが、気持ち一つで支えているせいか脆弱な時があります。インテリアに限らず私はその両方を行ったり来たりしながら自分なりの折り合いを見つけたい、といつも思います。インテリアは寸法や法則など客観的な判断ばかりに頼ると、血の通わない冷たい部屋になってしまいます。逆に、好きや嫌い主観的なモノの見方だけでは、快適さや機能性を見失いがちです。本当に心地よいインテリアとは、「モノ」と「心」のバランスがとれているものです。レイアウトを決める時家具を買う時、必ず客観的にサイズや機能性を検討し、必ず主観的に好きかどうか、心の中に問いかける。悩んだ時はその両方の間でどこで折り合いをつければいいか考える。客観的で、主観的。この二つを自在に行き来する思考回路があってこそ、大切なものを見落とさない自分らしさが出るのです。

収納はどうしよう？ ～収納を計画する

新居のカギをもらったら、各場所の
収納について総チェックしましょう。

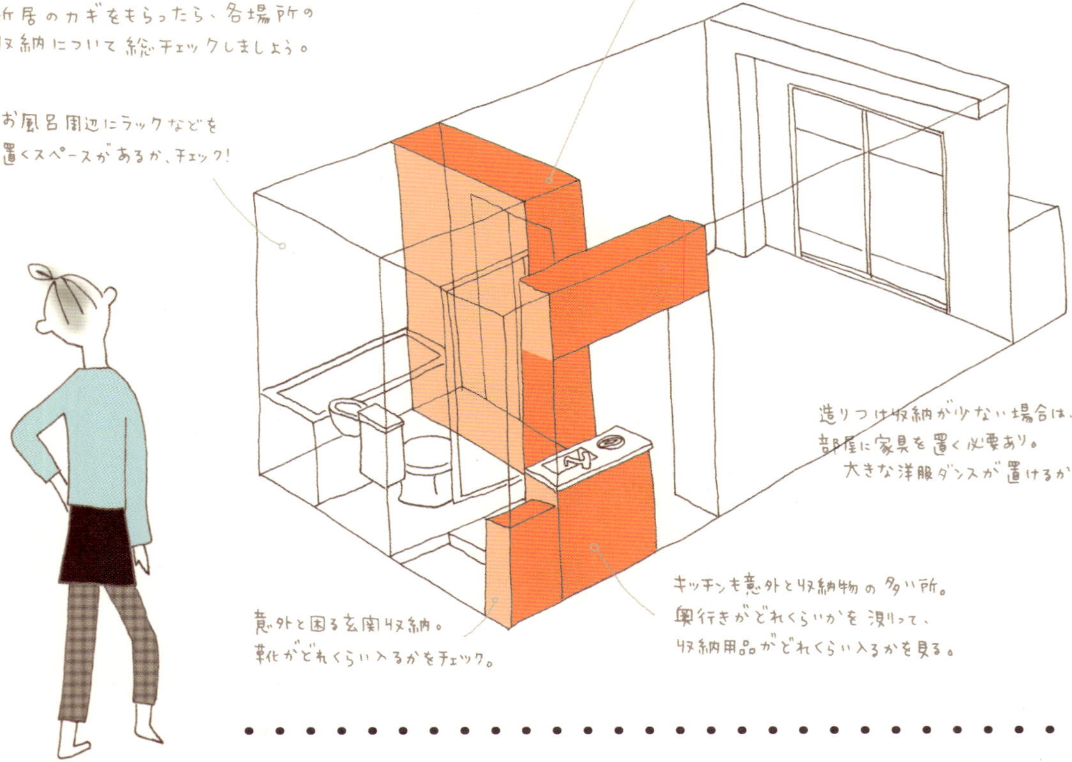
造りつけ収納はまずサイズを測って、
全容を把握。仕切りなども収納効率を
左右するので、よく見る！
お風呂周辺にラックなどを
置くスペースがあるか、チェック！
造りつけ収納が少ない場合は、
部屋に家具を置く必要あり。
大きな洋服ダンスが置けるか？
キッチンも意外と収納物の多い所。
奥行きがどれくらいかを測って、
収納用品がどれくらい入るかを見る。
意外と困る玄関収納。
靴がどれくらい入るかをチェック。

22.

[現実を総チェックなのだ！] 収納計画の基本は、使う場所に使うモノをしまう、です。そして同類は必ずひとまとめに、あちこちに置かないのが鉄則。「下駄箱に靴が入らないからベッドの横に置いちゃお」「ああん、また増えちゃったから今度はリビングにぃ〜ん」そんな茶目っ気を出してはいけません。こうやってモノに任せ適当に収納場所を増やしていくと、いつしか部屋中モノだらけの物置住宅になってしまいます。そうならないためにも、収納は家具を買う前、レイアウトを考えるのと同時進行でしっかり計画を立てましょう。新居に移ったら、玄関、キッチン、お風呂、洗面、リビング、ベランダ、各場所にどれくらいの収納があるか、あらためてサイズを測りながら総チェックです。クローゼットや押入は仕切りの位置や奥行きを確認し、効率よく収納できる方法を考えます。お風呂場周辺や玄関など、収納のない場所は、そこに収めるべきモノをどこに代替えで収納するかも考えましょう。家の中に収めるモノは頭の中で想像するより、ずっとずっとたくさんあります。大ざっぱに把握せず現実をしっかり見る、これが成功のカギです。

掃除用品・ティッシュ
とにかく量が多い
下着
カバン
洋服
紙袋ほか
PC用品
カメラ・アルバム
通帳など
部屋に散乱
洗濯用品
タオル類
スペース確保を忘れやすい
薬
文房具
本・雑誌
CD・MD
ビデオ
量が多い
化粧品・美容小物
食品
食器
靴
調理器具

家の中に収納しなきゃいけないモノ。どこにどう収めよう？

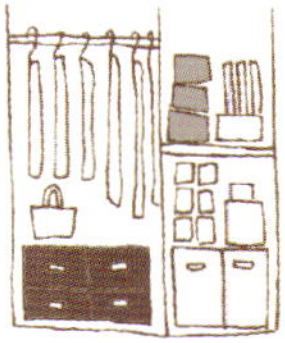

押入やクローゼットなどの造りつけ収納

[勝負は、造りつけ収納]　チェックが終われば具体的な収納計画です。計画の手順は１）造りつけ収納にどれくらいのモノが収まるか、２）そこに収まりきらないモノをどうやって収納するか、の２段階です。狭い部屋では造りつけの収納スペースをいかにうまく使い切るか？が勝負の分かれ道です。限られた造りつけ収納には、洋服から掃除機のような見せたくないモノ、ふだん使わないスノボやスーツケースまで、できるだけたくさんのモノを収めるように考えましょう。予備のトイレットペーパーや洗濯用品もしかるべき場所がなければここに収めます。こうやって造りつけ収納に収めるモノのメドがつけば、次のステップ、２）を考えます。本や洋服など自分の持ち物の中で特に「○○が多い」と自覚する場合は、それに合わせて収納家具を選ぶのがベストです。そういった特徴がない場合、造りつけ収納に収まらなかったモノとリビング周辺の細々したＣＤや化粧品などが収まる多目的な収納を検討しましょう。新居に移ったらまずは造りつけ収納の総チェック、それから造りつけに収まる量を計算して、残りをどうするかを考える、この三つが基本です。

家具やラック、カゴなど収納家具、収納用品

違いはご存じ？

〜 収納の「見せる」と「隠す」

見える収納
隠す収納
衣類
コートハンガー
洋服ダンス
書籍
本棚、直置き
扉のある収納
食器
調理器具
ラック、食器棚
シンク下

23.

[要は見た目なのです]　よく耳にする、収納の「見せる」と「隠す」。この違い、テレビや雑誌で誰かの説明を聞いている分にはよく理解できるのですが、いざ自分の部屋の話となると、どちらがいいか迷ってしまいます。そこで問題です。次の場合、どちらの収納が適切でしょうか？問1.よく見るビデオ。問2.毎月買ってたまった雑誌。問3.お気に入りの洋書。答えは隠・隠・見。「見せる」「隠す」は使用頻度や効率というよりは「見た目」に重点を置いた話なのです。乱暴な言い方になりますが、見えてもカッコイイ収納物なら「見せる」、見た目のさえない収納物なら「隠す」と、目安にするとわかりやすいでしょう。さらに部屋全体のコーディネートから言うと「見せる」収納は部屋がオープンで軽快な雰囲気になる代わりに、常にモノが目に触れるため、混然とした部屋になります。逆に、「隠す」収納は何でも扉に隠れてしまうのでスッキリした印象になりますが、反面、扉だらけで無味乾燥な部屋になる可能性があります。「見せる」と「隠す」は見た目の話、モノの見栄えと部屋の雰囲気でどちらがいいか検討しましょう。

これで、どうだ

〜で、私のお勧め収納

「隠す」収納の扉つき家具。天板上は見せる収納に。

「見せる」収納の本棚は下半分をBOXで埋めて。

24.

[五分か六分で隠します]　私がお勧めする収納は「見せる」と「隠す」、両方のよさを生かす折衷案です。「見せる」収納の軽快な雰囲気と、「隠す」収納の何でも見逃してくれる楽チンさを生かして両方を組み合わせるのです。これならほどよく楽しい雰囲気で、ほどよくスッキリして狭い部屋にもってこいです。例えば「見せる」収納の本棚、見せてもカッコイイ本は本棚に入れますが、古い雑誌や不定形の文庫本などはボックスにまとめて部分的な「隠す」収納で本棚に収めます。こうすれば本棚のオープンな軽快さは保たれたまま、何でも見えるごちゃごちゃ感はなくなります。また「隠す」収納の扉のついた収納家具なら背の高いものは買わず高さ700mmくらいのものを選び、天板上を「見せる」収納として活用します。天板に置いたモノが適度な開放感をつくり、扉の面積も小さいので圧迫感を弱められます。このように「見せる」と「隠す」をミックスして収納スペースを作り、５：５か４：６くらいで「隠す」が多めというのが、見た目のバランスもよく、収納としても実用的です。

ついにこの時が来た～洋服の収納

専用の家具やスペースが必要

A 長モノ系吊るす洋服（コート・ワンピース）

押入では長い洋服が収まらないので×。パイプハンガーはいちばん長い洋服に合わせて選ぶ。

B 短モノ系吊るす洋服（ジャケット・スカート）

パイプハンガーは下部がムダになるので注意。丈に合わせて効率よく収納できるモノを選ぶ。

専用の家具やスペースは不要

C たたむ洋服（セーター・カットソー）

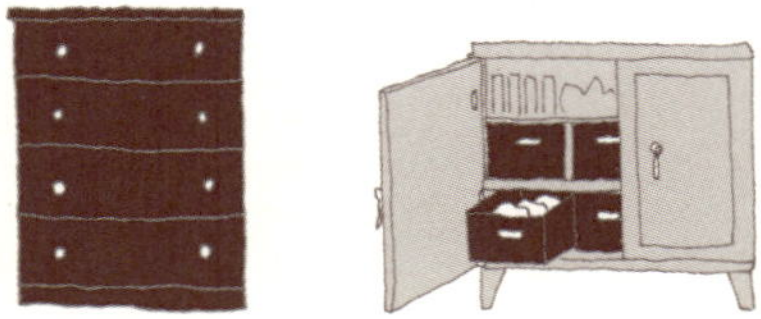

引き出し式のチェストが基本。しかし、場所がなければボックスに入れて収納したりもOK。

D たたむ小物（靴下、Tシャツ）

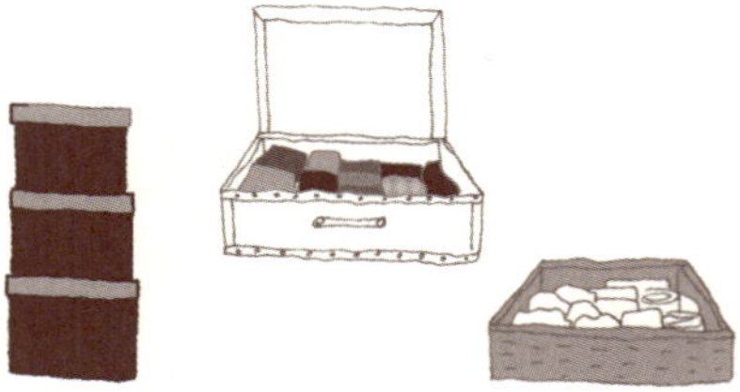

カゴやボックスがあればいいので、家具はなくてもいいが、場所を作らないと、散乱しまくるので注意。

25.

[洋服≠収納が四散を招く]　家の中で場所を取るモノのベスト3、ベッド、テーブル、衣類の収納場所。部屋の大半はこの三つで占められていると言って過言ではありません。家具の問題であるベッドやテーブルは最初に置き場所やサイズに気をつかえばカタがつきます。厄介なのは不定量な洋服群。いくら大きな洋服ダンスを買っても、持っている洋服に見合わなければ使いづらくて役に立ちません。結果、行き場のない洋服が部屋に四散し洋服の山ができ上がるというわけ。ああ、恐っ。洋服に部屋の主導権を握られないためにも、主人として断固、洋服の収納には力を入れましょう。力んだ拳でまずは持っている洋服の把握から。面倒でもこれによってどんなタイプの収納が必要かわかるので必ず取り組みましょう。把握するのは四つ。(A)コートなど吊るす長モノ(B)ジャケットなど吊るす短モノ(C)たたむ洋服(D)靴下やTシャツなどのたたむ小物。(A)が多ければパイプハンガーなど専用の収納は必須、(B)もできれば欲しいところ、(C)(D)は収納に融通がきくので、家具のカタチや形態にはこだわらなくてOK。と概要だけ述べて、詳細は次ページで。

A 長モノ吊るす洋服

B 短モノ吊るす洋服

C たたむ洋服

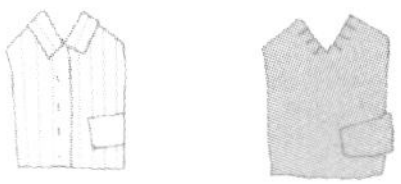

D たたむ小物

では、おさらい

～具体的に収納を考える

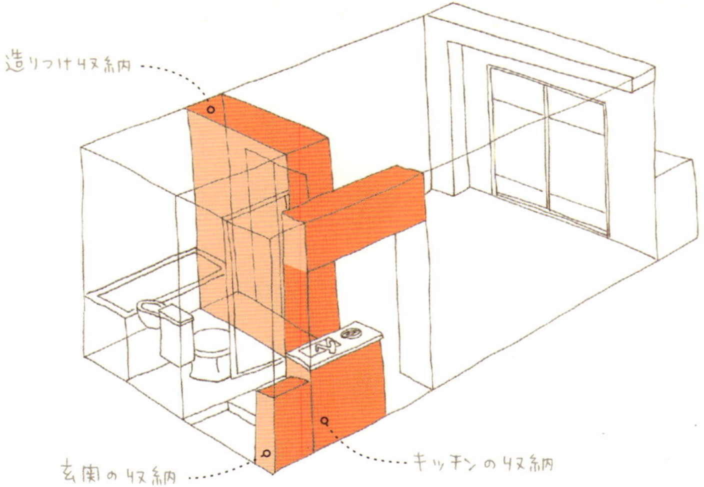
造りつけ収納
玄関の収納
キッチンの収納

● 吊るす洋服を造りつけに収納した場合。

たたむ洋服の家具＋その他のモノを収納する家具。

● たたむ洋服を造りつけに収納した場合。

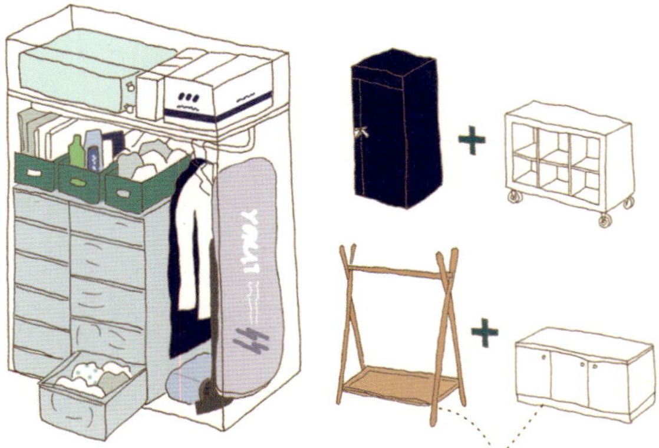

吊るす洋服の家具 ＋ その他のモノを収納する家具。

26.

[造りつけ収納の回答]　と、ここでもう一度、最初のワンルームの図に戻って、具体的に何をどう収納するか？前ページの洋服収納もふまえて説明しましょう。まず、玄関とキッチンの造りつけ収納はそれぞれ専用庫として使い、そこからモノは流出させないように。これで部屋がずいぶんかたづきます。部屋に面した造りつけ収納は、洋服ダンス＋倉庫として使いますが、ここでポイントは、吊るす洋服・たたむ洋服のどちらかをここに収めるということです。両方を収納したら倉庫部分がなくなるし、両方を家具でまかなったら大きく部屋の床面積を割いてしまいますからね。で、洋服収納の残りを倉庫としますが、ここは１ｍｍも無駄にしない勢いで、掃除機のような大物→生活用品などの小物という順で場所割りをしていきます。あとは、造りつけ収納からあふれたモノの行き先です。考えを優先させるのは、収納すべきモノの「すべてが収まる容量」「見せる・隠す」「部屋のコーディネート」「モノの種類に合った収納方法」の順です。これを念頭に家具を買うのか、秘策で逃げ切るのか？を検討すればゴールは目前です。

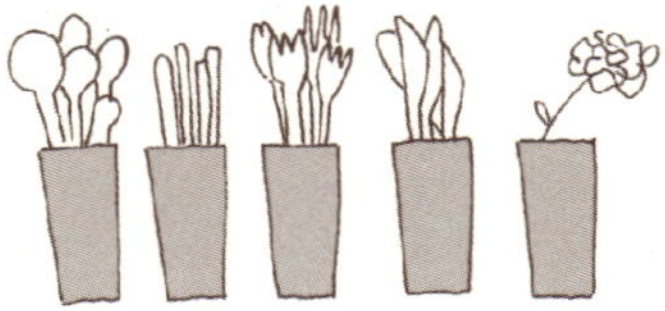

種類をそろえて同じカップに入れる。

本棚の上も見せ方一つで立派な収納スペースに。

いっそ見せる？～収納の秘策・その1

こういう時のきれいな見せ方、
フックを全部使わない！素材感をそろえる。

こんなふうに、おそろいの箱を用意して靴を収納する。
見せ方次第で収納スペースが作れる。

レコードもコーナーを作って潔く見せる。

27.

［ないと嘆かず見せてみる］　ワンルームのような狭い部屋で、収納上手と言わしめる秘策。それが「潔く見せる」と「要領よく隠す」です。スペースがなくどうしようもない時、予算なく頭を抱える時、これを飛び道具に切り抜けてほしいと思います。まずは一つめ「潔く見せる」。これは「こうなりゃ何でも見せてやるわよ」と開き直る潔さではなく、中途半端に隠し立てするなら、いっそ華々しく見せたほうがいいという話。例えば靴で言うと、お愛想程度の下駄箱に、角をつぶし合いながら靴の箱をぎゅうぎゅう詰め込むのなら、靴が入るサイズのきれいな布張りの箱を10個ほど見つけて、それをずらりと部屋に並べてしまう。そのほうがずっと見た目にも美しく、モノにとってもいい状態で保管ができるということです。この秘策のポイントは、機能より美しさを優先する、収納アイテムはそろえる、そして大胆に構成する。意図が明確でない「見せる」はただモノがあふれているだけなので、くれぐれも注意深く潔く見せましょう。で、この収納方法のもう一つの利点。それは見せられないような、つまらないモノや収納用品は買わなくなる、ということ！

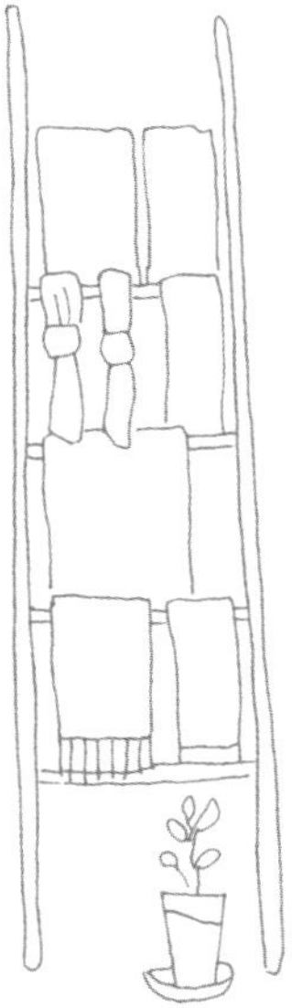

ハシゴにマフラーやタオルを掛ける。

本棚にはタオルだって収納できる！

それとも、隠す？

～収納の秘策・その2

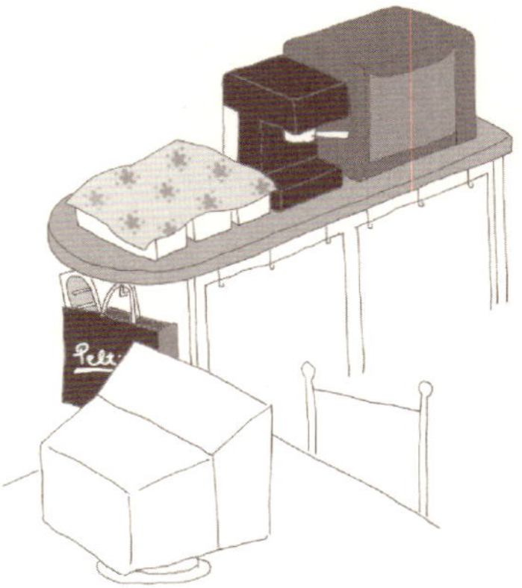

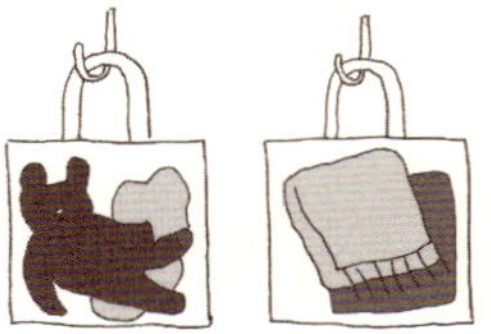

パンが丸見えの部屋でも
紙袋に入れれば気にならなくなる。

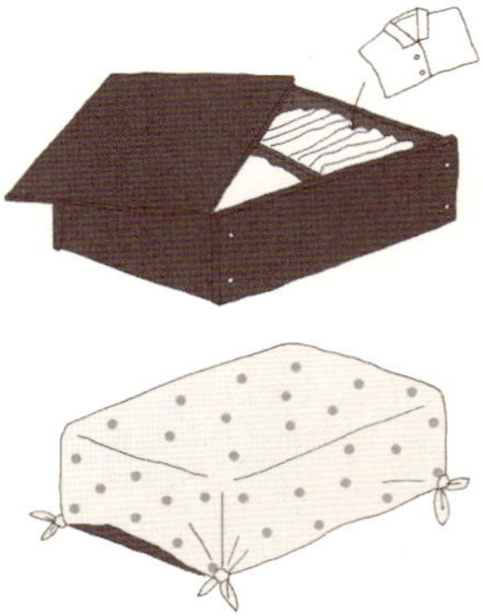

季節外の洋服を木の箱に入れる。
そこにカバーすればテーブルに！

部屋のコーナーにわざとデッドスペースを作る。
鏡の後ろには見せたくないモノを。

28.

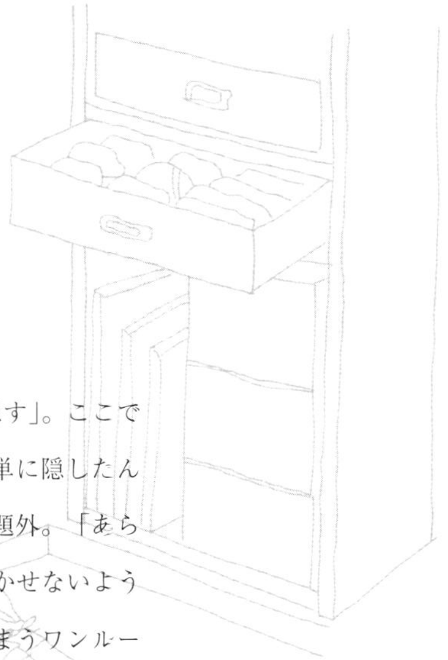

収納用品に入れれば下着だってこんな所に収納できる!

[だってと言わず隠してみる]　二つめの秘策は「要領よく隠す」。ここで気にしていただきたいのが「要領よく」という言葉。ただ単に隠したんじゃ意味がないのです。まして頭隠して尻隠さずなんて問題外。「あらま、こんな具合に」、他人をうならせるくらい巧みに、気づかせないように、モノを潜伏させるのです。例えばキッチンの見えてしまうワンルーム。こういう部屋では、寝転んだ先にパンや明日食べる食材が丸見えになってしまいます。だからと専用のキッチンストッカーを買わなくてもそれをひょいとお気に入りのセレクトショップの紙袋に入れてしまえばいいのです。そうすればそこに食材が眠っているとは誰の目にもわからず、生活感もなくなり、立派な収納先ができ上がります。必要以上に家具を買いたくない、といってモノを出しっぱなしにするのは解決じゃない。そんな時こそ要領よく隠して、狭さに負けない打開策で、気持ちよく暮らせる工夫をしませんか？　この秘策は正しい収納ではなく、あくまで狭い部屋を快適に過ごすための知恵。そう思って他人をうならせるほどの隠し方、いろいろ探してみましょうよ。

アンティークのような食器棚も目隠しカーテンをすれば違和感のある事務用品も収納可能。

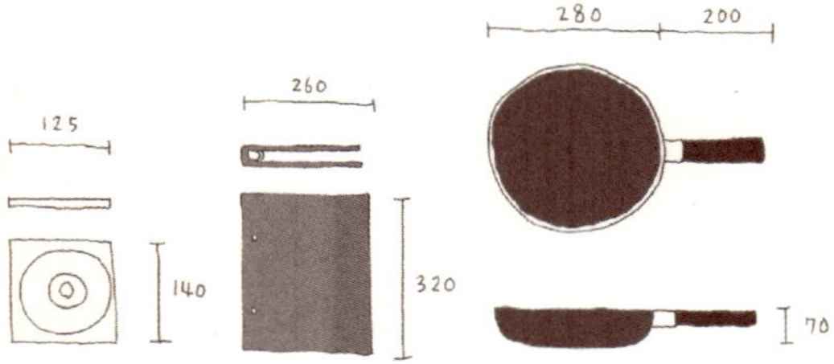

引き出し式のBOXで奥のモノも取り出しやすく。

なんか使いにくい・・

〜収納スペースの上手な使い方

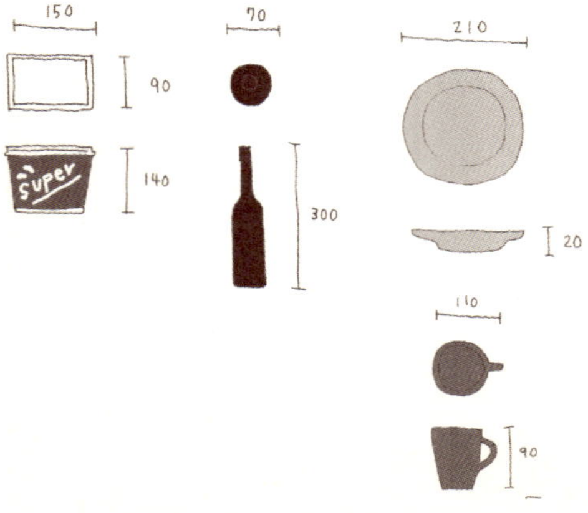

奥行きを二段構えに。よく使うものを手前に。

29.

[400mmからの仮死]　お昼のテレビ番組を見ていると、「あなたのお宅大改造！」といったリフォーム特集をよく目にします。あれはついつい釘づけになって見てしまいます。アドバイザーの先生のもと、旦那さんが四苦八苦ＤＩＹをして、あぁ、こんなにきれいになった。ラストでは見ているこちらまで気分爽快です。先生のノウハウをそっくり頂戴することはできませんが、すぐに拝借・実践できるものに「奥行きの活用」があります。収納は奥行きがあると使いづらいものです。食器にしても生活用品にしても、ほとんどのものが収納スペースが奥行き250mmくらいで充分まかなえます。ですから家具や押入など400mm以上の収納は奥が仮死状態になっていることがほとんどなのです。アドバイザーの先生はその部分を見逃さず、しっかり活用します。奥行きのある収納スペースにはモノを直置きせず、引き出し式の収納用品で奥のモノも取り出せるようにしたり、奥行きを二段構えにして使わないものは奥に収納します。仮死の奥行きを蘇生させれば、ミニお宅改造はすぐに実現！

持つ。

～所有すること

[収納＝所有から始まる] 私の経験から。独り暮らしを始めて２～３年たったころ、モノを増やすまいと、とても禁欲的な生活をしていたことがあります。洋服はもちろんのこと、食器や生活用品からはたまた雑誌に至るまで「これは部屋を狭くしてまでも持つ価値があるか」と刃物を向けるがごとく自分に問いかけ、イエスと答えられたモノだけを買う、という生活をしていました。おかげで狭い我が家では無駄のないコンパクトな暮らしぶりが実現しました。しかし、ある時ふと思ったのです。「私は人生を謳歌してるか？」我慢を強いても、その先に豊かな気分が広がっていないと感じたのです。そこで私は頭の中を少し整理しました。まず、すべてのモノに収納場所を与え、それが今の自分の許容範囲であると知る。それを超える欲望は抑えるべきで、その範囲内でコントロールできるのなら少々モノが増えてもかまわない、と。モノを持つことが悪いのではなく、自分の手に負えないほど持つことが悪いのです。「所有」というのは、空間や生活にダイレクトに影響する個性です。自分がちょうどいいと思えるバランスが見つかるまで、試行錯誤しながら真摯に「自分らしさ」を見つめてくださいね。

捨てる。

～過剰を省くこと

[収納＝捨てる努力で保つ] 部屋を常にかたづいた状態にするには、やはり要らないモノを捨てなくてはなりません。毎日でもいいし、年に1回でもいい。とにかく定期的に自分の「要る」「要らない」に向き合って部屋が悲鳴を上げていないか調べ、過剰なモノを捨てるよう努める必要があります。その時だけは現状解決を任務に、心を鬼にして。そうはわかっていても、なかなか捨てられない人は、日ごろからため込んでしまうモノを「要る」「いつか要る」「要らない」に分けるクセをつけるといいと思います。そして引き出しの一角やカゴを用意して「いつか要る」のスペースを設けておく。かたづけの際はまずはそこから調べればいいというわけです。逆にモノがすぐ捨てられる人は、それらを捨てる際、必ずその後どうなるか？を少しイメージしてください。自分の出したゴミがどこに行ってどう処理されるのか？　ゴミは自分の手から離れれば消えてなくなるのではありません。それをイメージすることで「捨てることになりそうなモノは最初から買わない」「ずっと使えるモノを考えて持つ」理屈でなく、心からそうしたいと思えるようになるはずですから。

省スペースの基本は、きちんとたたむコト。

本は立ててスペース確保。

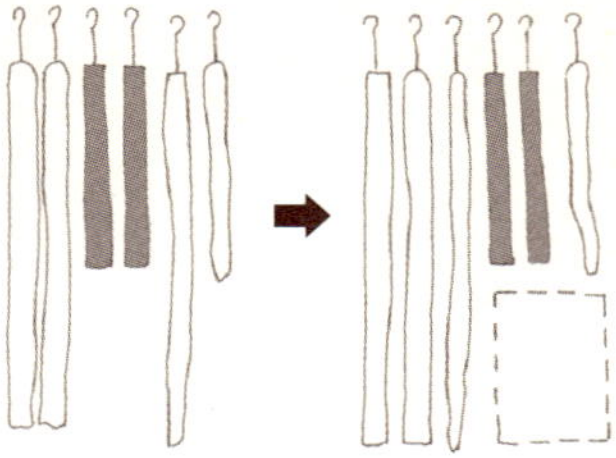

順番を整理するだけで、新しいスペースが作れる。

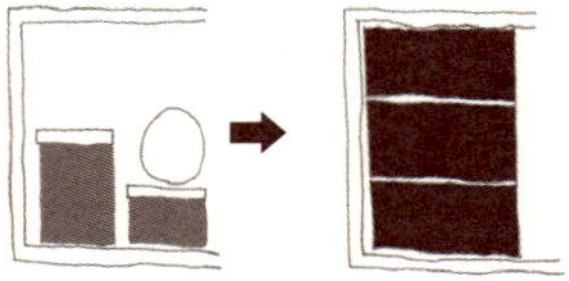

収納用品を使って収納容量を増やす。

もう、限界
～収納スペースを増やす

空間から見直す。 **Slight injury +**

省スペースで収納を増やす。 **Serious injury +++**

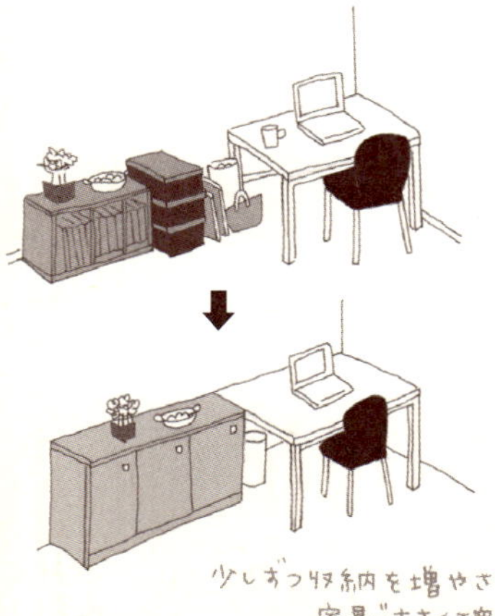

少しずつ収納を増やさず、家具で大きく確保。

収納をつくる時は、置いてあるモノを全部かたづけて。

サイズを測ったらどんな家具がいいか、いろいろ検討を。

31.

[まずは見直してください]　ああ、あんなに心していたのに・・。そうつぶやいても時すでに遅し。モノがぱんぱんに増えてしまったら、やはり収納スペースはなくなってしまいます。こうなったら、もう収納場所を増やすしかない！と、腰を上げる前に、ちょっと待った。急いではいけません。狭い部屋ではモノが増えたからと、ちょいちょい収納場所を増やしては、あっという間にモノに部屋を占拠されてしまいます。空間に手を加えて新たな収納を作るのは最終手段、まずは今の収納を見直して、スペース拡大に努めましょう。たいていの場合、住みはじめた当初の収納というのは、とても「甘い」ものです。収納効率が悪く、無駄も多かったりする。そういった箇所を市販の収納用品などで整理し、切り詰めて、見た目は現状のままで収納容量だけを増やすようにします。それもしたけど、でもダメという末期症状の場合には、本格的に空間に手を加えますが、その際はちょこっとカラーボックスを買って終わり、なんていうつつましい方法でなく、大胆に部屋全体のレイアウトを変更するつもりで検討しましょう。

5 which one? **FURNITURE**

家 具

家具、決まった？

～必要な家具の見極め方

窓と本棚、モチロン窓を優先する。

造りつけ収納を最大限に生かす。

ソファを置くなら、ある程度の余裕が欲しい。

32.

[部屋にきく、家具の要・不要]　新居にどんな家具を買おうかな？　インテリアの中でも「家具の購入」は大きな関心事の一つです。一通りの家具をそろえられないワンルームでは、まず最初に家具の選択が必要です。ベッド、テーブル、ソファ、本棚、洋服ダンス・・どの家具を選ぶか？　ここで大切なのが、収納や生活スタイルに合わせるだけでなく、物理的に無理なことも避けたほうがいい、ということ。押入がないのにおふとんにしたり、部屋が狭いのにソファを用意してしまうと、必ず生活の上で無理をしなきゃいけません。毎日置き場所に困ったり、狭い部屋に窮屈な思いをしたり。それはかまわないからどうしてもあの家具が欲しい！それでもいいんだ！という情熱的なケースは別として、特にこだわりがないなら、床面積に相応した家具か？その家具を置くことで空間や生活に無理を強いないか？で、考えてみましょう。押入がないならおふとんはあきらめてローベッドを、ソファが欲しいならソファベッドにする。自分の部屋を見渡しながら「こりゃイケる」「こりゃダメだ」を確認すれば、案外､部屋が家具の要る、要らないを教えてくれますよ。

ダイニングテーブルもスペースが欲しい。

おふとんを出しっぱなしにするなら、ベッドにしてきちんとレイアウトしたほうが、スッキリ美観よく暮らせますよ。

安易に買わない～家具を買う前に

It isn't bought easily

33.

[待つ我慢が何を生むのか？]　グラフィックデザイナーの原研哉氏の著書の中に「安直な代用品に囲まれるのも嫌だったので」と、段ボールの食器棚と一升瓶を脚にしたデスクで過ごしていた美大生時代の話があります。この後、文章は「半端なデザインに苛々させられるよりも〜」と続きます。自分の目線に合わないモノを持ち込ませない、なんとも胸のすく潔さです。ここまで美意識を貫く生活は難しくても、家具も生活用品も心底好きになったモノに限定したほうが絶対いい。引っ越ししたてのころは出費が多くインテリア用品にかける予算がないので、急場をしのいでついつい安い代用品を買ってしまいがちです。しかし、どんなにちゃちな代用品であれ、一度買ったモノは５〜６年は使うのです。人はそれほどモノを捨てない(捨ててしまう人はもっと悪人だけど)。買ったはいいけど使わない、気に入らない、そんなモノに囲まれて暮らすなら本当に欲しいと思えるモノが買えるまで我慢すべきです。その我慢こそが自分の目を養い、インテリアの格を保つ一線になるのですから。

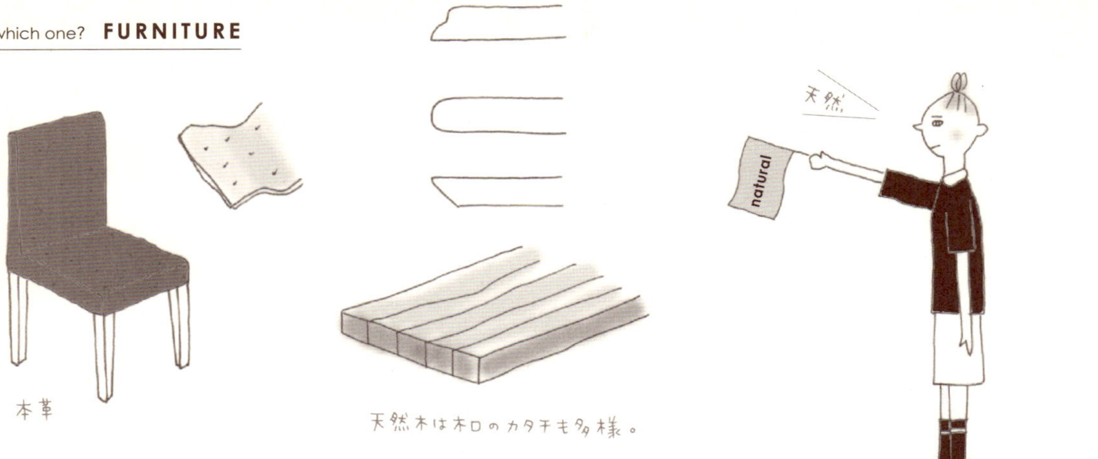
天然
natural
本革
天然木は木口のカタチも多様。

それはどっちだ？〜家具の値段

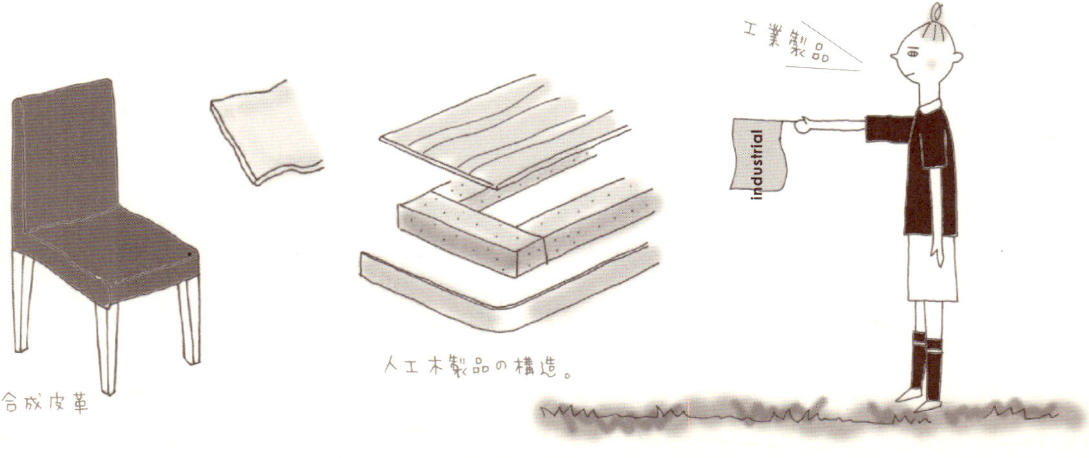
工業製品
industrial
合成皮革
人工木製品の構造。

34.

[材質を一つの判断基準に]　宝石、コート、美容クリーム・・。値段差のある商品って、お買い物の時少し不安になりませんか？　経験がないと何を根拠に選べばいいか難しいところがあります。家具もそんなしりごみアイテムの一つでは？　同じように安い商品でも、素材が安かったり、コストダウンの成果で安かったり。家具は気軽なお買い物でない分デザインにも価格にも納得して選んでほしいと思います。基本的に、家具の値段を決めるのは「材質」です。そこに加工やデザインの魅力分が加わります。貴重で高い材なら高く、大量生産できる材なら安価、が一般的です。同じデザインでどうしてこんなに違うの？と思う時は、材質が天然か？工業製品か？でチェックするといいでしょう。木製家具なら天然木＞プリント合板、イス張り地なら革＞ビニールレザー、と、工業製品が安価です。商品を見ても材質がわからない時は、商品に貼付された品質表示カードを見てみましょう。材質が天然木なら「天然木」、工業製品には「紙」や「樹脂」、「人工」といった文字が表記されています。

イスは買う？ ～座家具の選び方

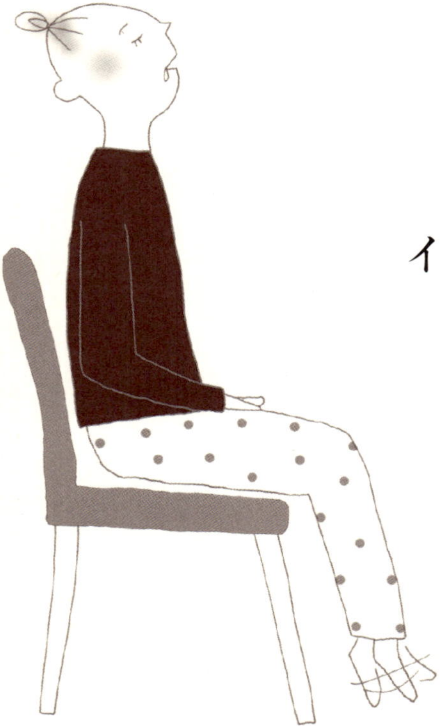

特に外国製のイスは靴を脱いで。
座り心地を確かめる。

肘つきはリラックスしたい時に。
肘なしはイスからの出入りがしやすい。

35.

［ゆとりの道具を手に入れる］　日本人の床座の暮らしでは、座るための家具がなくても、インテリアが成立します。だからイスやソファといった「座家具《ざかぐ》」は必要ないと言えばないのですが、それらがもたらす豊かな時間というのも、魅力的なものです。疲れて帰ってずしんと体を沈めるソファの心地よさ、イスに座って囲む食事の豊かさ。家具でしかつくり出せない時間や経験を「座家具」はつくってくれます。そんな「座家具」はいいかげんなモノで代用しないほうがいいと思います。たとえ独り暮らしでも、ゆとりを生む道具なのだから、良質なものを愛着持って永く使うのがいい。商品としては張り地が革で、縫製のミシン目が二重で、ウレタンが硬すぎず、云々と一般的に言われる「良質・高価」のポイントがありますが、最終的に大事なのは本人の座り心地です。イスならば太股に感じる圧迫感の少ない、背中に適度なしなりのあるもの、ソファなら座った時の沈み込みが深すぎず浅すぎず、背もたれとの距離がほどよいものが理想的です。お店では靴を脱いで、実際に座り、ゆとりの道具となるか語りかけてみてくださいね。

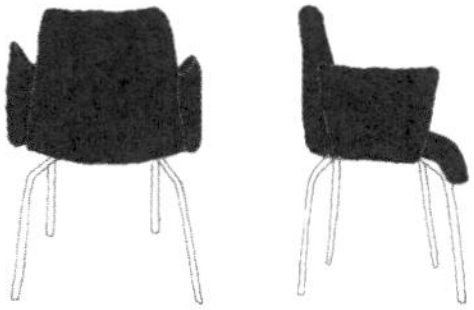

部屋の中で目にするのはイスの後ろと横の姿。そこもチェック忘れずに。

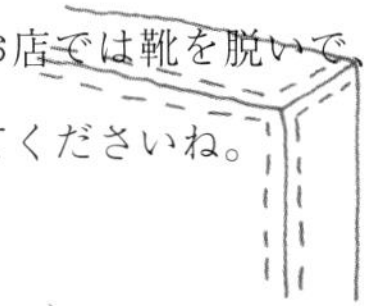

縫製は丁寧なものを。

沈み込みの深いソファは好みがあるので、よく検討して。

板の厚みが薄くないか？

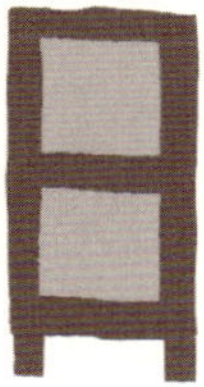

背面の処理はきれいか？

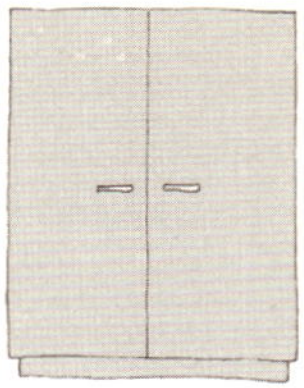

大きな面でも安っぽくないか？

どこ、見ましょ？

〜収納家具の選び方

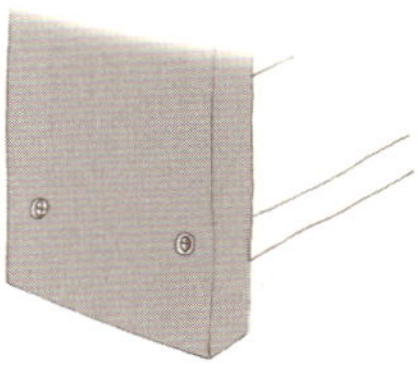

ネジどめ部分は配慮されてるか？

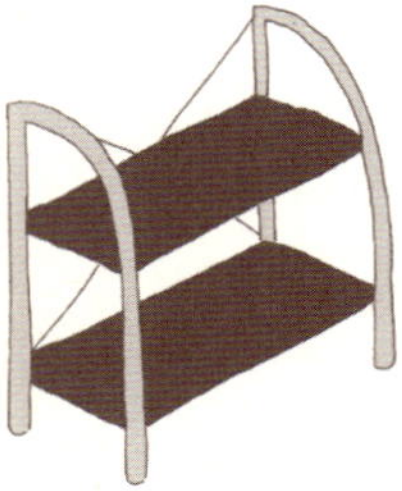

基本的に部屋に合うデザイン？

木口の処理は？

スチールの溶接はきれい？

36.

[安くていい、安く見えちゃいけない]　「ハコモノ」と言われるタンスや、本棚、食器棚は、素材による値段差が出やすい家具です。同じカタチでも高級材はウン万円、プリント合板ならイチキュッパッ。面で構成されているので材料のコストダウンが反映されやすいのです。「家具はいいものを！」が信条の私、ハコモノもいい商品をと言いたいところですが、この系統の家具は安価なグッドデザインでいいじゃないか、と思います。家具に詳しい人の中には「これはプリント合板だからダメだ」なんて、本棚をぱこぱこたたきながら軽口を言う人がいますが、私に言わせれば高級材の粗悪デザインより安価なグッドデザインのほうがよっぽどいいじゃない？という感じです。高級材のグッドデザインは目が飛び出るほど高価だし、そういうものを手にするには、独り暮らしは生活が流動的すぎる。安価でもデザインのいいものは、値段の安さや素材のランクをそう感じさせないものです。それは安価に見えない設計上の工夫があるから。そこを鋭く見極めて、独り暮らしに合う「ハコモノ」を探しましょ。

使います？

〜カラーボックス

派手な木目柄は部屋に合わせにくい。

カラーボックスの
各パーツの板は
こんなふうに芯材で
組まれています

棚を取りつける時は、芯材の位置に注意。

天板を渡して、より使いやすく。

木口や背面、ネジどめの部分などが安っぽく見える原因。この辺りを見せないように配慮。

37.

[家具というより、パーツ]　我が家では玄関、リビング、食器の収納にカラーボックスを使っています。独り暮らしの間は収納家具を持ちたくなかったので、カラーボックスの安さと気楽さを最大限に活用することにしました。私が言うまでもなく、カラーボックスは使い方によっては優秀な商品ですが、一歩間違えるとその価格がゆえの安っぽさに、してやられるアイテムです。見た目はもちろん、棚の強度がなくたわんでしまったり、材質が悪く表面材がはがれてしまったり、機能的に問題のある時もあります。安いので気軽に手が出るけど気をつけて使わないと安いだけのことはあるよ、というのが実際使ってみての感想です。我が家ではカラーボックスは家具ではなく、ＤＩＹのパーツとしてとらえています。本体をそのまま使ってしまうと、安っぽい感じが引き立つので、カラーボックスを基礎に別の収納を作るような気持ちで、布で前面にカバーをつけたり、天板をのせたり、と加工して使っています。ＤＩＹの一つのパーツ、そう思えばカラーボックスを使うインテリアもいろいろ可能性がありますよ。

置き棚を作ろう！

～家具を作る

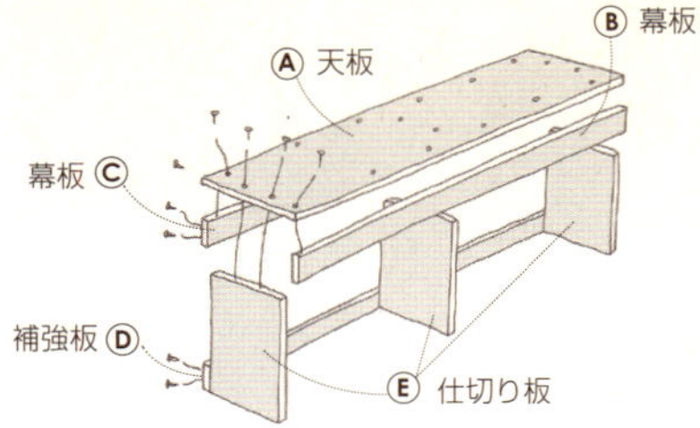
Ⓐ 天板
Ⓑ 幕板
幕板 Ⓒ
補強板 Ⓓ
Ⓔ 仕切り板

① 天板の加工穴に従い、天板(A)に幕板(B)と(C)を木ネジでとめる。木口の幅が細いので注意。

ここは難所！
Ⓒ
Ⓐ
Ⓑ

② 幕板(C)に仕切り板(E)を突き合わせ、幕板(C)の加工穴に従い,後ろから木ネジで２か所ずつとめる。仕切り板(E)３枚とも同様に。

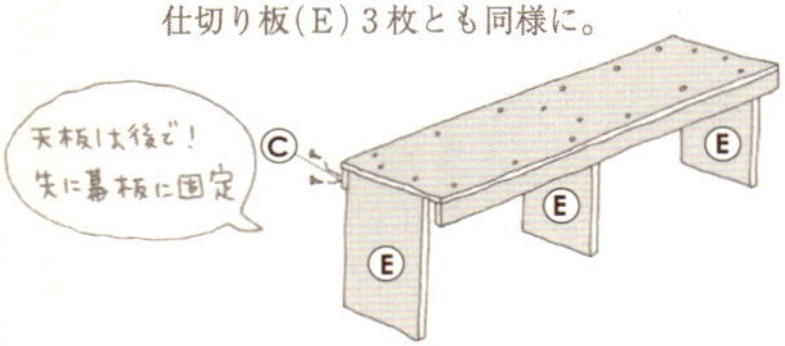
天板は後で！先に幕板に固定
Ⓒ
Ⓔ
Ⓔ
Ⓔ

木ネジは仮どめをして、全体が組み上がったらしっかりと締めていく。

③ 仕切り板(E)の下部に補強板(D)の加工穴に従い、後ろから木ネジで２か所ずつとめる。仕切り板(E)３枚とも同様。

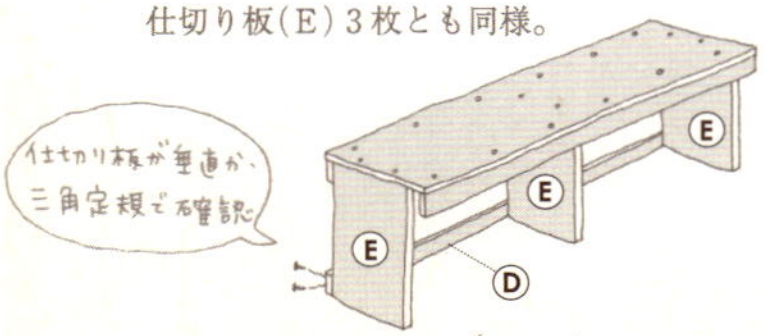
仕切り板が垂直か、三角定規で確認
Ⓔ
Ⓔ
Ⓔ
Ⓓ

④ 天板(A)の加工穴に従い、天板(A)と仕切り板(E)を上から木ネジでとめる。計６か所。

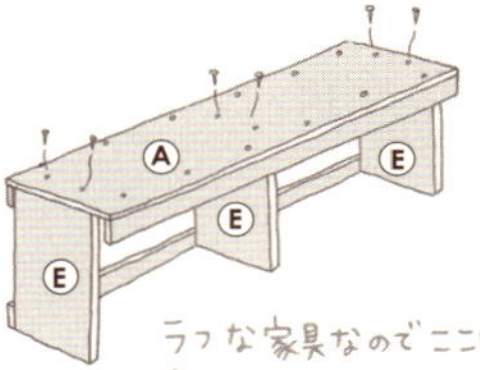
Ⓐ
Ⓔ
Ⓔ
Ⓔ

ラフな家具なのでここは布を切りっぱなしで、OK。

⑤ 布を幕板(C)に数か所とめてから、布を天板にかぶせるように巻きつける。

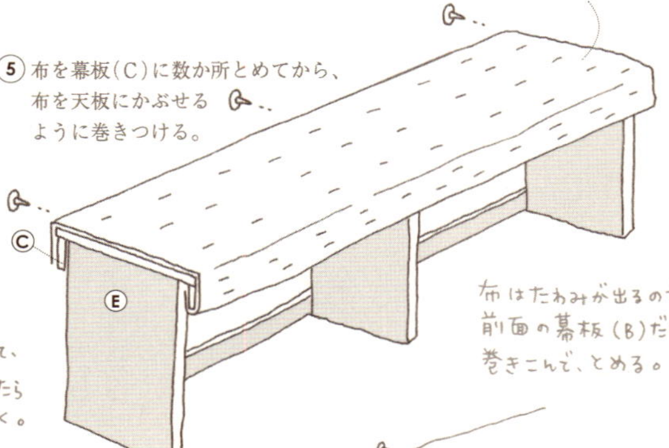
Ⓒ
Ⓔ

布はたわみが出るので前面の幕板(B)だけ巻きこんで、とめる。

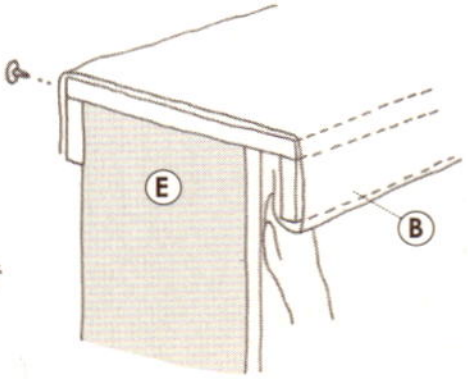
Ⓔ
Ⓑ

⑥ しっかり布を引っ張り、最後に幕板(B)の裏に手を回して布を画鋲で適宜とめる。ヤッタ～！でき上がり。

組み立てはとにかく二人がベスト。一人が電動ドリル、もう一人が材料を押さえてサポートしましょう！

38.

[いっちょ、やってみるか] 置き棚？なんだそりゃ？　そう、これは私が狭い我が家のために考え出した収納家具。日本古来の置き床のような低いコンソールテーブルのような、ワンルームにあふれる雑多なモノを見栄えよく一気にかたづける置き式の棚です。棚の上は本を置いたり、花瓶を飾ったり、見せる収納に、棚の下は納戸のような感じで隠す収納として使います。我が家では、これをオーダー家具のように部屋のサイズにぴったり合わせ、ＦＡＸから、大きな洋書、本、資料、雑誌、コンポ、全部収めてしまいました。うん、なかなかいいじゃない。私がこの優れ物の設計でこだわったのが、高さとボリューム。座った時の目線からちょうどよく、部屋全体から見ても小さくなりすぎないよう、高さは465ｍｍにしました。これなら棚下には背の高い縦型のファイルボックス（p.173参照）や行き場のない瓶類もきれいに収まります。また素っ気ない造りが貧相に感じられないよう、天板に40ｍｍの幕板をつけ、デザイナーとしての配慮も忘れずに。これでボリューム感を保って、主張しすぎず、それでいて収納量ばっちりの頼もしい棚となりました。

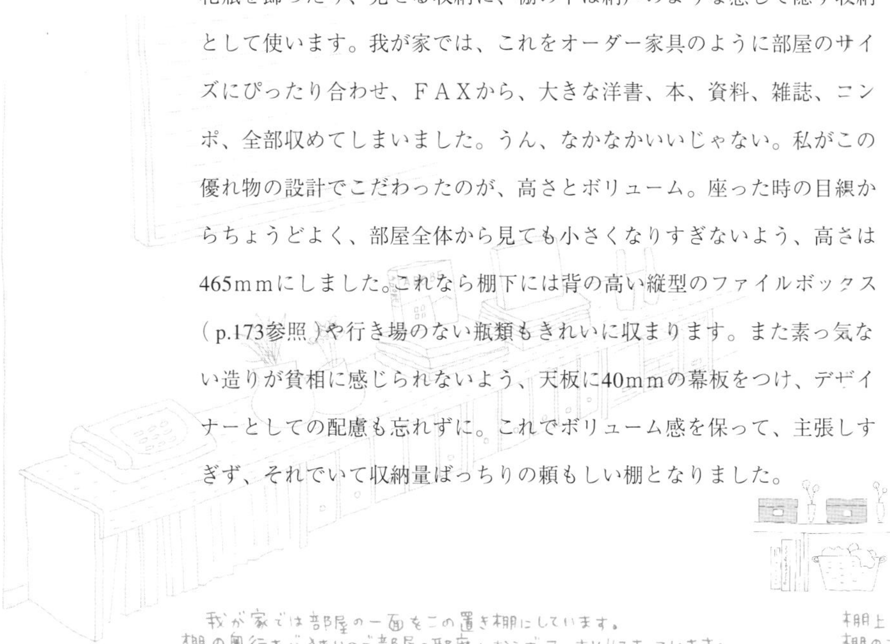

我が家では部屋の一面をこの置き棚にしています。
棚の奥行きが狭いので部屋の邪魔にならず、スッキリ収まっています。

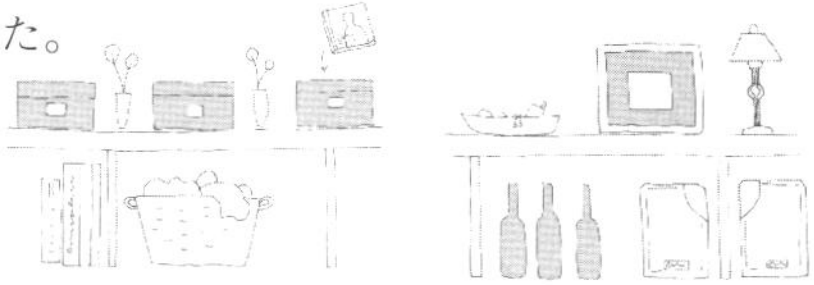

棚上は見せる収納、
棚の下は隠す収納に。

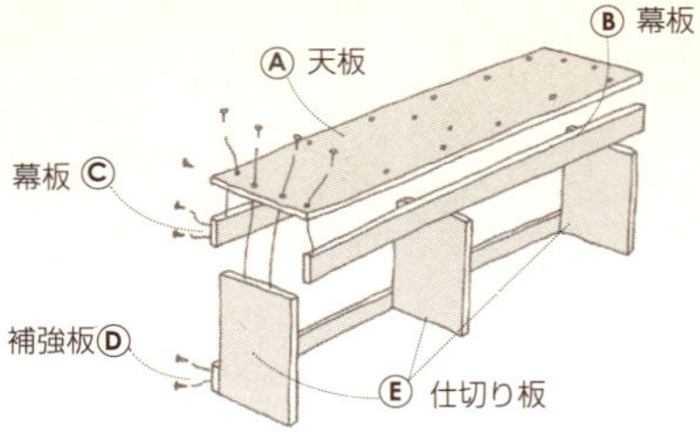
Ⓐ 天板
Ⓑ 幕板
幕板 Ⓒ
補強板Ⓓ
Ⓔ 仕切り板

置き棚を作ろう！ 材料とでき上がり寸法

1 必要な材料と道具は次のとおりです。

材料＆道具（W1600×H465×D295mm・2台分）

- ●ラワン・ベニヤ板（3×6サイズ）×1枚
  （横910×縦1820×厚み18mm）
- ●パイン集成材×1枚
  （横910×縦910×厚み20mm）
- ●木ネジ（太さ4.5×長さ38mmタイプ）60本
- ●布（90cm幅）約2m
  *布は400～420mm×1610mmにカットしておく
  *布は織りの粗いものがホコリや汚れが目立たず◎。
- ●画鋲　適宜
- ○電動ドリル
- ○鉛筆
- ○三角定規

この材料で2台つくれます！

十字穴つき木ネジ
皿頭（頭が平らなタイプ）

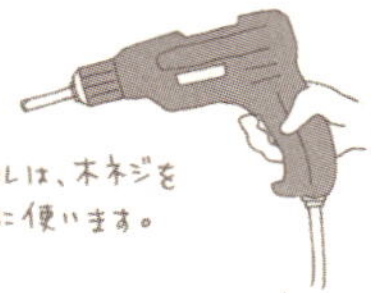

電動ドリルは、木ネジをとめる時に使います。

仕切り板は脚として見えるのできれいな木材を！

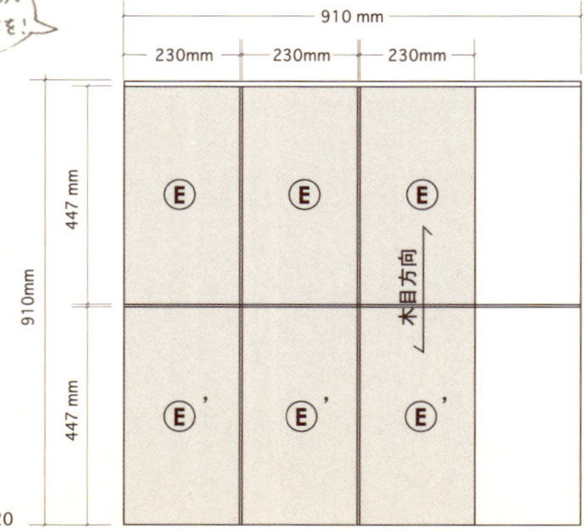
910 mm
230mm
230mm
230mm
910mm
447 mm
447 mm
Ⓔ
Ⓔ
Ⓔ
Ⓔ'
Ⓔ'
Ⓔ'
木目方向
scale 1:20

パイン集成材（厚み20mm）

2 材料を購入し、カットと穴加工をしてもらいましょう。

材料のカットや穴あけは難しいので、加工もしてくれるお店で買おう。

同じサイズの厚み15mmでも作れます。

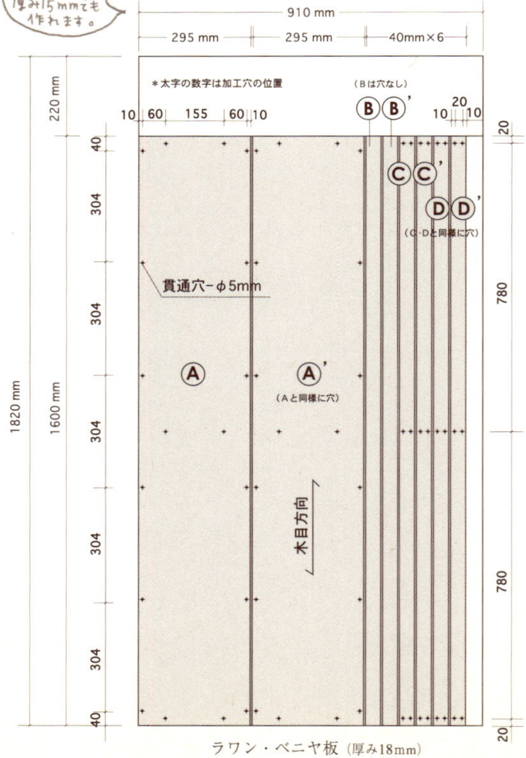
910 mm
295 mm
295 mm
40mm×6
＊太字の数字は加工穴の位置
（Bは穴なし）
10
60
155
60
10
Ⓑ
Ⓑ'
20
10
10
Ⓒ
Ⓒ'
Ⓓ
Ⓓ'
（C・Dと同様に穴）
貫通穴－φ5mm
Ⓐ
Ⓐ'
（Aと同様に穴）
木目方向
1820 mm
1600 mm
220 mm
40
304
304
304
304
304
40
20
780
780
20

ラワン・ベニヤ板（厚み18mm）

電動ドリルは友達に借りよう。

この材料で同じモノが2台できるので、お友達と一緒に作って1台ずつ分けては?

3 組み立てる前に、穴の位置関係や全体のサイズを確認しましょう。

組み立てる時に間違えないよう、家に持ち帰った材料には
鉛筆でどの部材か書いておきましょう。

できあがったら、こんなふうに…。

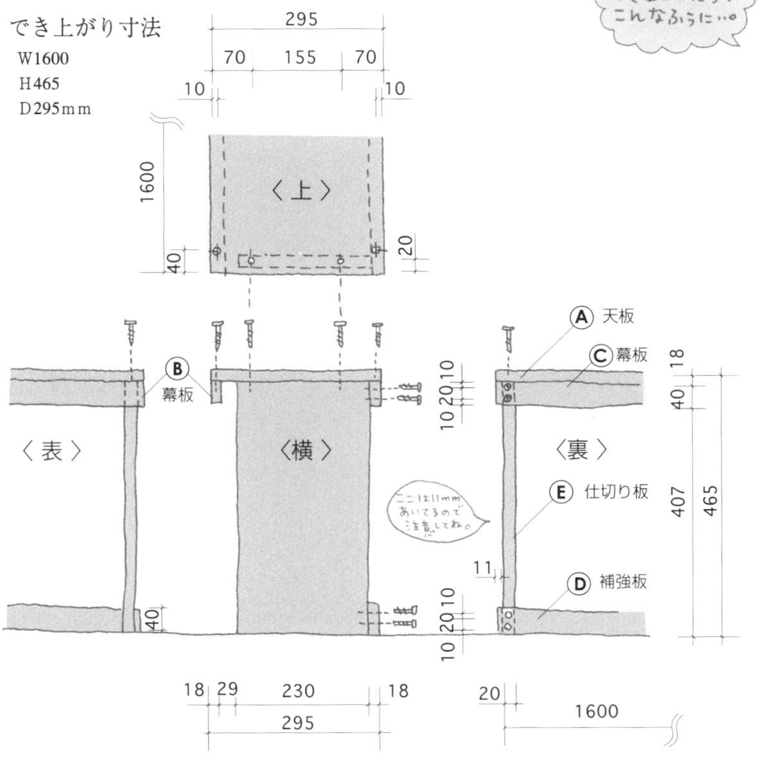
できあがり寸法
W1600
H465
D295mm
〈上〉
〈表〉
〈横〉
〈裏〉
A 天板
B 幕板
C 幕板
D 補強板
E 仕切り板
ここは11mmあいてるので注意してね。
295
70
155
70
10
10
1600
40
20
18
40
407
465
11
10
20
10
18
29
230
295
20

置き場のないノートパソコンの指定席に。A3プリンターも入る。

洋服ダンスはやめにして、置き棚+カゴで、洋服収納に。

レシピはある？
～就寝環境をつくる

掛けぶとん
羽毛ぶとんなら言うことナシ！
綿毛布
夏はコレ1枚で。年中使えて◎。
タオルシーツ（マチつきのボックスシーツ）
綿毛布とのサンドイッチが気持ちよし。
敷きぶとんも一緒にマットレスをくるんで。
敷きぶとん
パッドでなく、敷きぶとんでふかふかに。
マットレス
特にこだわりなし。

マットレスの直置きに抵抗がある人は
市販でマットレス用のスノコなんかもありますよ。

39.

[今夜も極楽、それを目指す]　「食い意地」に対して「寝意地」という言葉が作られたら、それはきっと私を指す言葉にちがいない。とにかく私は寝るのが大好きで、就寝環境もなみなみならぬ気持ちでつくり上げました。といっても、メディカル枕が、照明が何ルクスで、といった文明的なものではなく、ただただ自分が眠りやすいベッドレシピで、大切な時間が快適になるように追求したのです。そのレシピ内容はといいますと、まずベースにはマットレス。収納つきベッドなど高い寝座は緊張感があって苦手なので、マットレスを床に直敷きし、サイズもごろごろできるセミダブルにしています。次に敷きぶとん。ベッドパッドなどいろいろありますが、試行錯誤の末、私はふとんに落ち着きました。これがふかふか感の決め手。ベッドシーツはタオル地、肌にかける毛布は綿毛布と決めています。この肌触りのいいサンドイッチが私の良眠のカギです。最後に掛けぶとんを掛けてでき上がり。このベッドで毎日こわいくらい快眠です。就寝環境は家具やおふとんのよしあしよりも、いかに好きな環境をつくるか、そこが大切なように思います。

枕の中身も寝心地を左右する。

昼光色の照明で寝つきよく。

どれをチョイス？

～テーブルの選び方

天然木をブロックにした「集成材」
木のよさを体感できる素材。

1枚or数枚合わせた「天然木」
反りや割れの心配があるので、
よく検討を。

天然木をスライスした「突板」
天然木でありながら工業製品の
安定性あり。

樹脂でできた「メラミン化粧板」
耐久性があり強いが風合いは乏しい。

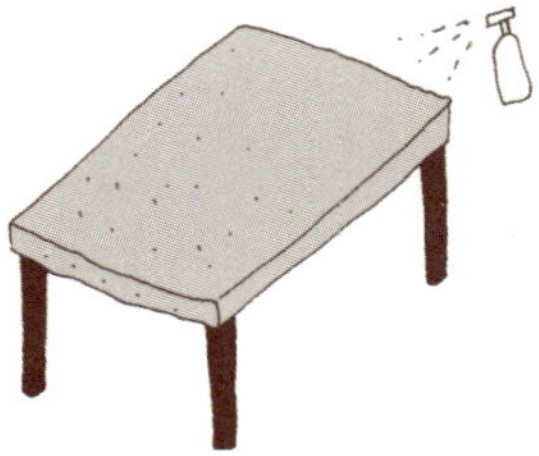

塗装した「MDF」
木を粉砕したのがMDF、
風合いがいい。

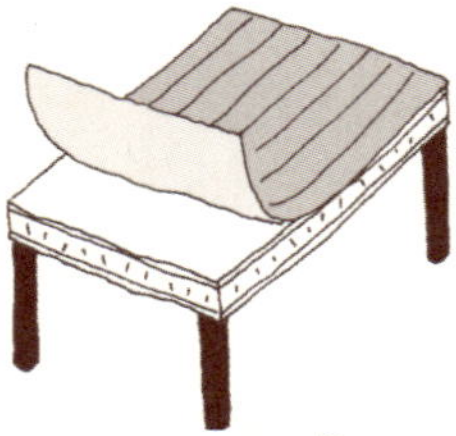

印刷したシートを張った「プリント合板」
紙なので安価だが、耐久性に欠ける。

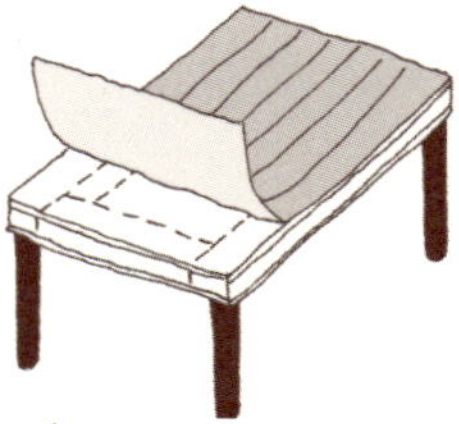

芯材が軽量構造の「プリント合板」
左よりさらに安価。天板には軽すぎ。

天然木のような「樹脂シート成型品」
木のようだが、触ると樹脂っぽい。

40.

[テーブルは天板で選びたい]　職業柄かテレビで視聴者のお宅が出てくると食い入るように見てしまいます。テーブルはどんなものを？ソファはある？パソコンはどこに？あれは？これは？・・気分はもう獲物をねらうハイエナ。そんな調子でテレビを見ていていつも思うのですが、独り暮らしの人が使うローテーブルって、どうもしょぼくありません？
テーブルのように、目線より下の水平面というのはとても目につく所です。それもデスクならパソコンが置いてあったりしますが、テーブルは食事以外ほとんどモノを置かない状態。部屋の中心に安っぽい板が鎮座しては、部屋全体の雰囲気もそれにならってしまいます。デスクやテーブルなど「アシモノ」と言われる家具は、天板で選ぶことをお勧めします。同じ見た目なら多少奮発しても、天然素材のいい天板を選ぶ。材質のよさが醸し出す雰囲気は、部屋に格を与えてくれます。テーブルの予算が少なければ、ＤＩＹのパーツ販売の天板に脚をつけるのでもいいでしょう。とにかく、我が家の顔にふさわしい「アシモノ」は天板で決まり、なのです。

5 which one? **FURNITURE**

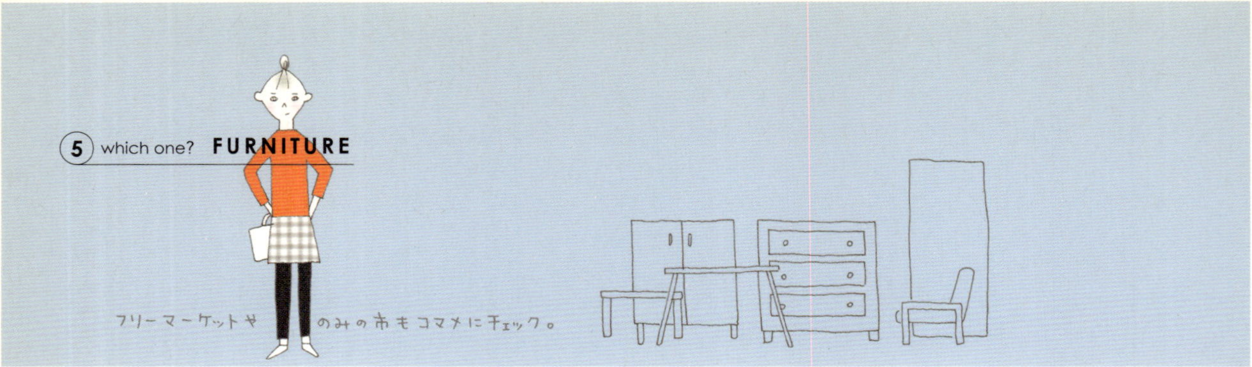
フリーマーケットやのみの市もコマメにチェック。

あきらめちゃいけません
～お気に入りへの道のり

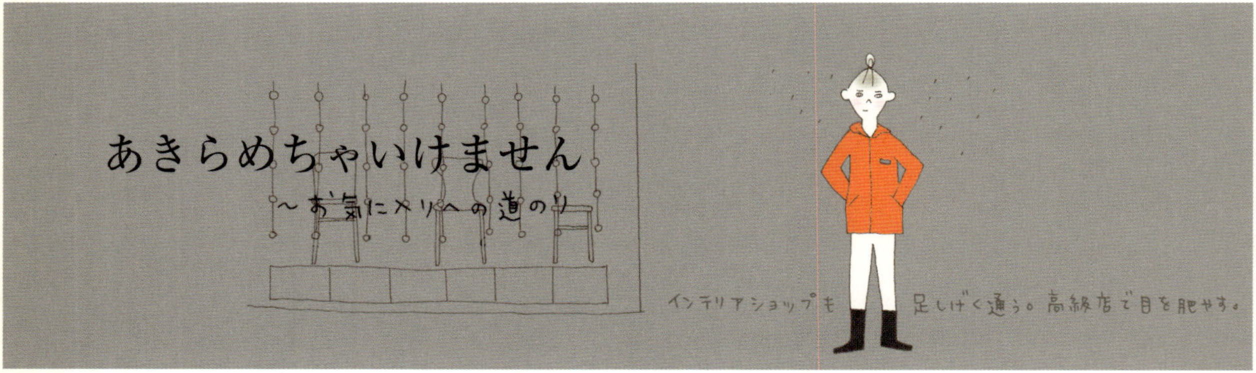
インテリアショップも足しげく通う。高級店で目を肥やす。

探していたモノが通販で見つかる場合も。

41.

［さらば段ボールテーブル］ 私が使っているローテーブル。まぁ、これを見つけるのにはてこずりました。引っ越しして数か月、最後に残った部屋のスペースは、1.5m角しかありませんでした。なんとかこの正方形を使いこなしたい、それにはテーブルのサイズが問題でした。向かい合わせで座れるテーブルとなると、人が座るスペースを550ｍｍで計算して、1500 －（550×2）＝ 400、400ｍｍの奥行きしか取れません。少しでもテーブル面を確保するには、奥行きの狭い細長テーブルしかない！と判明。ところが､市販のローテーブルは900×450ｍｍといったサイズが多く、通販や近所の家具屋、インテリアショップ、どこを探しても「細長テーブル」は全く見つかりませんでした。そうこう探して、３か月ほどたったある日、ついにソファに使うセンターテーブルをあるお店で見つけたのです。２台を１セットにして使うデザインで、その１台は間口1150 ×奥行き380ｍｍ。よし！これならいける。セット商品を無理言って１台で売ってもらい、ようやく我が家は段ボールテーブルとお別れできたのです。

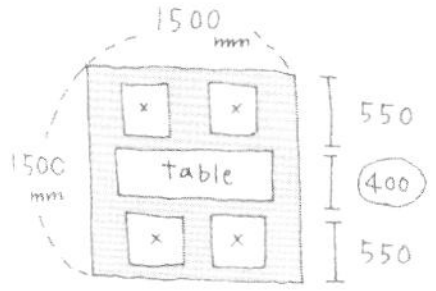

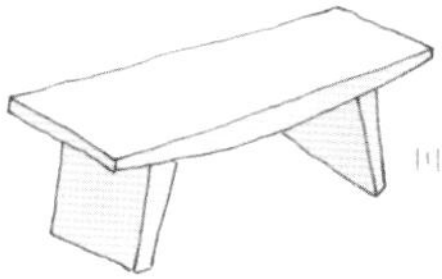

丸いテーブル

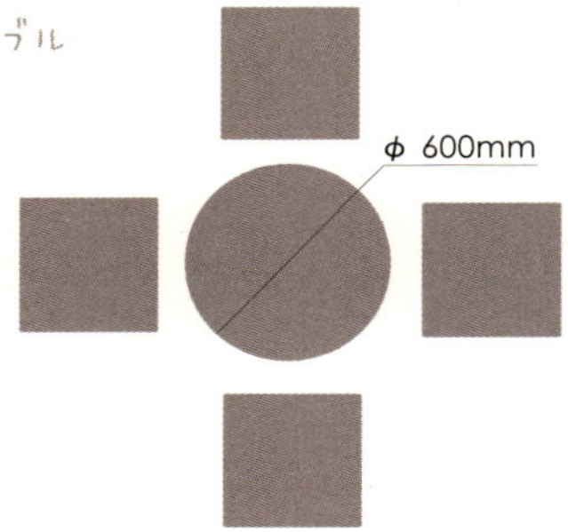

人が座りやすいよう部屋の中心にテーブルを設置。

カタチはどちらで？ ～テーブルの○と□

四角のテーブル

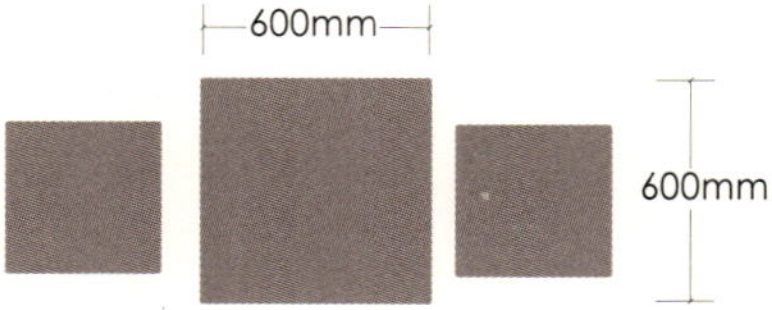

スペースを有効に使うために、テーブルを端に寄せて。

42.

[人に優しい○、使いやすい□]　丸いテーブルは人が集まった時いいものです。特に床座での丸テーブルは、集まった人数に関係なく好きな場所に席が取れ、まんべんなく人の顔も見られて、ほのぼのした雰囲気が漂います。角のあるテーブルのように座る位置によって相手との位置関係が生じないので、子供の教育上は丸いテーブルがいいと聞いたことがあります。しかし、丸いテーブルには場所を取るという大きな欠点も。同じ600ｍｍサイズの丸と四角のテーブル、四角なら片側を壁につけたり、２辺に座ったりとスペースに融通がきくのに対し、丸は座りやすさから部屋の真ん中に置くのが普通です。そこへテーブル周囲に人が座るスペースを確保すると結果２ｍ角近くのスペースが必要になるのです。テーブルはサイズやデザインだけでなく、丸や四角の形状も大きくインテリアに作用します。人が集う楽しさを味わうなら丸テーブル、部屋を有効に生かすなら四角テーブルが適していると言えます。ワンルームでもテーブルは生活の中心地。空間との兼ね合い、生活スタイル、両方から検討して決めましょう。

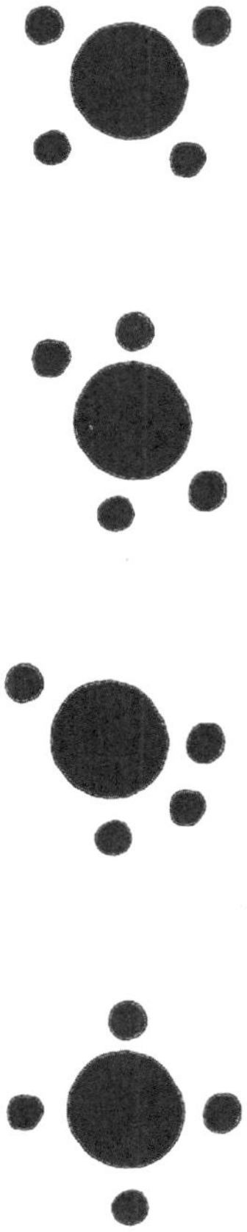

丸いテーブルはこんなふうに
好きな場所に席が取れます。

⑥ learn the ropes ! INTERIOR ELEMENT
インテリアエレメント

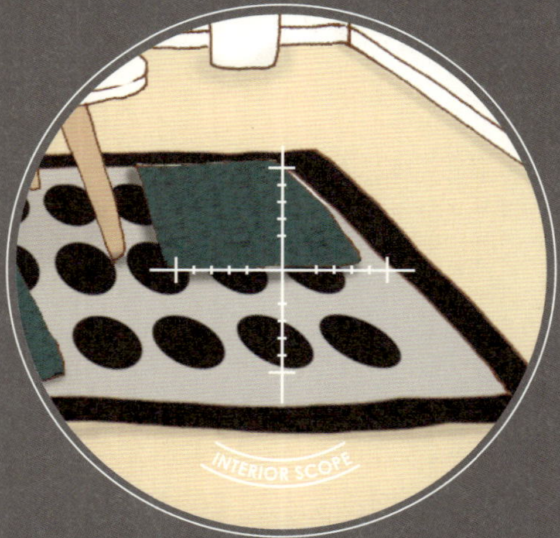

OFF

ON

いつも頭にスイッチを ～エレメントを統合する

43.

[全体と細部を見る目]　インテリアも実作業に入ると、たくさんのエレメント（構成要素）を集合させて、部屋全体を作らなきゃいけません。ここで大事なのが「全体」を見る目。困ったことに、人は単体に目を向けやすく、全体を見落としやすい。そこで仮に、頭の中に「広角」ズームスイッチがあるとしましょう。スイッチをＯＮにすれば眼前から全体へと視野が広がり、ＯＦＦにすれば元に戻る。このスイッチを頭の中において、部屋をチェックするのです。例えば、新しくラグを買った場合最初はスイッチＯＦＦで床に敷いたラグ単品を見てみます。水平に見たラグの雰囲気は？サイズは？色は？　それが終われば瞬時にスイッチをＯＮにして、広い視野で部屋全体でのラグを見てみます。部屋の中で浮いてないか？他の家具や床となじんでいるか？などなど。趣のあるインテリアは単品の個性に頼らず、全体として雰囲気がいいものです。それを実現するのはエレメントの選択眼はもちろん、それを収めた部屋全体の調和を判断する目です。大切な全体を見落とさないために、いつも頭にスイッチを。

見てます？ 〜壁について

マンションの壁は大きく残ると、味気ない印象に。

モビールで立体的な変化をつける。

小さな額を点々と掛け、軽やかに壁を飾る。

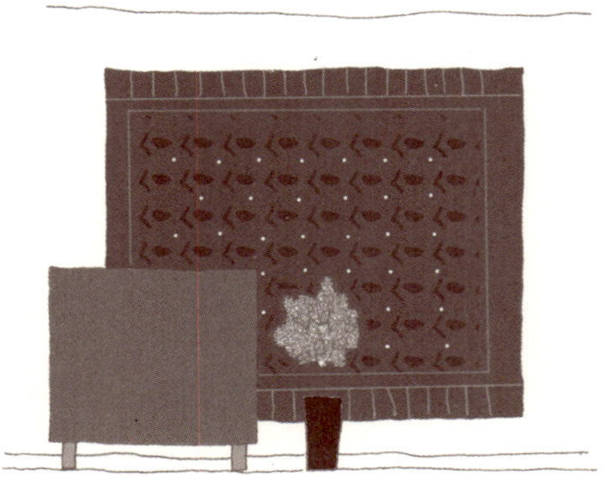

印象の重くなる大きな布は、色柄を吟味して。

44.

[壁は個性をつくる]　海外に行くたび、壁はインテリアの個性をつくるもんなんだなぁと思います。英国のあの重厚な雰囲気も、エーゲ海で見た白い家も、トルコのタイル張りの寺院も、床や家具だけではあそこまでの存在感にはならず、壁の影響力の大きさをあらためて認識します。そんなことを考えると、日本のマンションはのっぺりした工業製品の壁紙がどうも人工的で味気ない感じです。ここがくせもの。カントリーやアジアンテイストなど素材を重視するスタイルの場合は壁とのギャップに家具が浮いてしまい、雰囲気に無理が生じることがあります。そんな時はこの壁が個性をつくってくれてないことを思い出して、大きく布をかけたり、素材の同じ額縁で絵を飾ってみましょう。またシンプルにしたい部屋に残った大きな白い壁にも、小さい額を点々と飾って目線を遮ったり、モビールのようなもので立体的な変化をつけて味つけを。部屋は壁も含めてキャンバスです。勝手に色をつけたりはできない賃貸マンションでも、自分でもう一つ新しい壁を作るつもりで違和感に気をつけながら壁に手をかけ、ぐっと個性を出しましょう。

日本家屋を改造したような物件では、水回りに
Pタイルや変わった柄のクッションフロアが
敷かれていることがある。

pattern A

柄とテーブルの雰囲気が合わない場合は
とりあえずラグを敷いてみる。

合ってる？～床について

pattern B

手間と予算がかけられるなら、ホームセンターなどで
売っている木目柄のクッションフロアなどに張り替える。

pattern C

テーブルやイスに床を合わせるのでなく、逆の発想で
床の柄に合わせて家具を選ぶのも一手。

45.

[床は土台である]　雑居ビルの一室を改装して住んでいる友人が、キッチンの床を張り替えたというので見にいきました。以前のキッチンは濃紺のユニットに、落ち着いた赤い壁、濃いグレーの床。色が立て込むせいか、重々しい雰囲気が充満していました。しかし、新生キッチンを見てびっくり！　ナチュラルな木目の床が、見違えるほど空間を明るく生き返らせていたのです。床は部屋の印象をつくるベースだなあと改めて感心しました。壁が個性をつくる要素なら、床は土台。全体の印象をつくるベースです。それを忘れてインテリアを詰めていくと、知らぬ間に不協和音奏でる空間になっていたりします。床と他エレメントとのマッチングは落とし穴になりがち。くれぐれもご注意を。一般的には、床が濃色ならシック、明色ならナチュラル、木目ならウォーム、無機質ならクールなインテリアに合うと言われます。シャープな部屋にうるさく感じる木目柄にはカーペット、ナチュラルな家具と合わない濃色の床にはラグといった具合にテイストとちぐはぐな床には応急処置を施して雰囲気を整えましょう。

どれにいたしますか？

～ウィンドウトリートメント

ウィンドウトリートメントのいろいろ

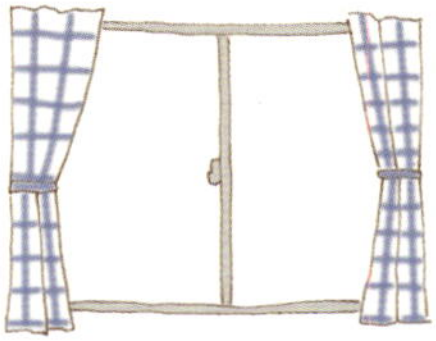

両開にいいセパレートタイプ。
オーソドックスで商品も多数。

カーテンを2重に。
建具が見えず、雰囲気がいい。

吸音性もいいドレープカーテン。
重厚な布ほど吸音性がよくなる。

日光の入りやすい薄手の布で。
透過性のある布は、優しい雰囲気。

シャープなスチールブラインド。
甘い雰囲気にしたくない時に。

材質の温かさが出る木製ブラインド
味がありながら、ニュートラルな印象。

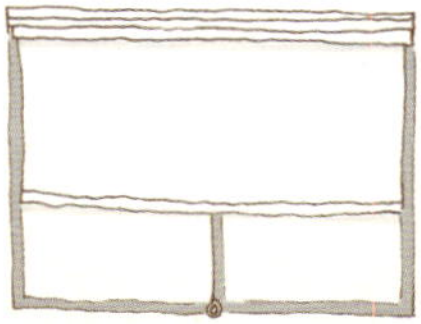

均一面のロールスクリーン。
大きな面では単調になるので注意。

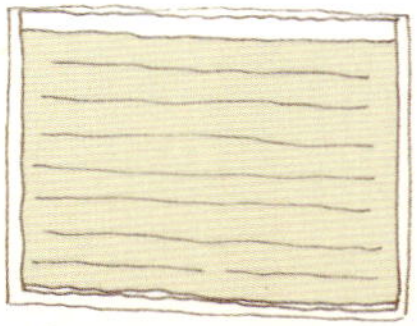

布ながらシャープなプレーンシェード。
ロールスクリーンに比べて柔らかい。

46.

［アイテムも部屋に大きく作用する］ その昔訪れた南仏のピカソ美術館では、カーテンが窓から長く垂れ、床にたまって渦を作っていました。窓の先には海とピカソの彫刻、白く透けるドレスのようなカーテンが幻想的で、感動に近い思いでそれを眺めたのを覚えています。カーテンを含めたウィンドウトリートメントは遮光や目隠しなど、機能のためだけでなく部屋の表情をつくる要素としても大切なものです。色はもちろん光の透過性やアイテム、材質、形状にこだわって選ぶことをお勧めします。その中でもアイテムは、色と同じくらいコーディネートに影響があります。何を選ぶかは、部屋のポイントにするか？しないか？で考えるといいでしょう。窓辺は部屋の背景でいいというなら、ブラインドのようなフラットなアイテムで目立たせない、逆に部屋が寂しいというなら布のギャザーや柄で華やかに目立たせる、といった具合です。どちらにしても窓は部屋の中でも面積を占めるもの、無難な色の市販のカーテンを選んで終わり、なんて寂しいことは言わず存分に楽しんでください。ピカソ美術館のようにカーテンが主役のような部屋だってアリですよ。

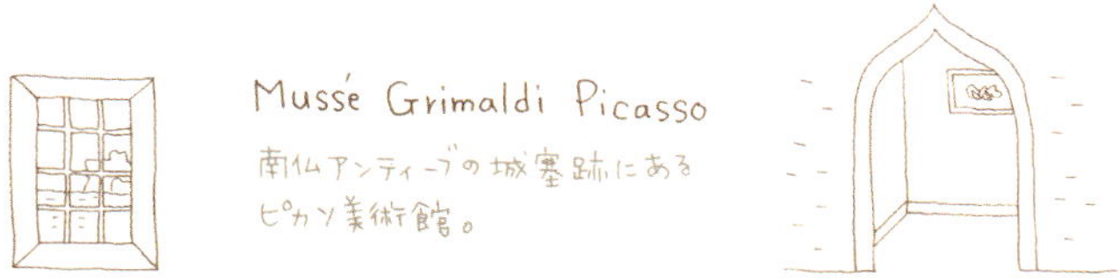
Mussé Grimaldi Picasso
南仏アンティーブの城塞跡にある
ピカソ美術館。

玄関、あります？

〜玄関について

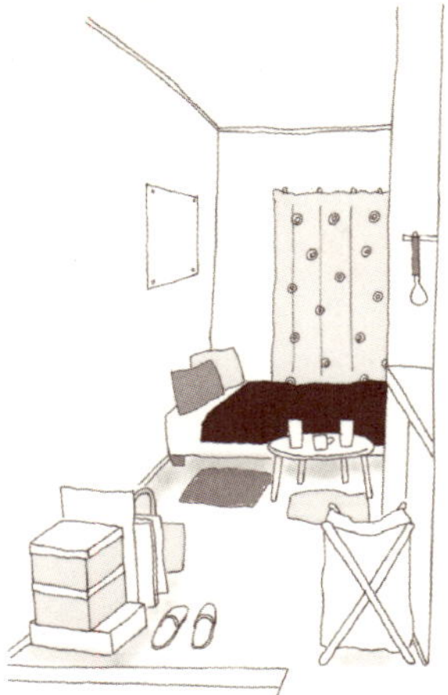

ドアを開けると生活のすべてが丸見え。これでは疲れる。

部屋が丸見えにならないように家具を。これが「関」に。

47.

［玄関の機能は、句読点］ ワンルームマンションの間取りには、なにかと不足を感じますが、いちばん省略されているものは玄関ではないか？と思います。靴箱のない玄関はもちろん、靴脱ぎ機能しかない簡易玄関も少なくありません。廊下もなければ何もなし、玄関のドアを開ければすぐベッドという間取りです。独り暮らしでも家に帰れば、はぁと肩の荷を下ろし落ち着きたいのに、そんな玄関では圧迫感に疲れ倍増です。どんなに恵まれない間取りでも、玄関には玄関としての機能を持たせましょう。玄関の機能とは、部屋に入る前の一拍「間」を置くこと。この「間」が気持ちを落ち着かせ、外から帰ってきた慌ただしい気分に句読点を打ってくれます。それにはとにかく「ここが玄関です」と、部屋とはハッキリ区別させることです。すぐに部屋が始まってしまう玄関では部屋が見えないよう、背の高い家具でどんと区切って空間を作る。そこまでできないなら、グリーンを置く、玄関マットを敷く、足もとにあふれる靴から目線がそれるよう目の高さに絵や置物を飾ってみる。それだけでも帰った時の「ただいま」の声がずっと弾みますよ。

絵を飾り、玄関マットを敷くだけで部屋とは区切りができる。グリーンを置いて部屋の目隠しをすれば、さらにいい。

お風呂はどんなの？

～トイレつきユニットバス

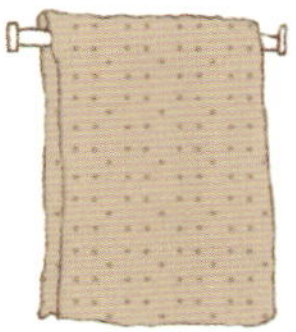

濃色のシャワーカーテンは
空間が狭く感じられて、しんどい。

小物は厳選したデザインを。

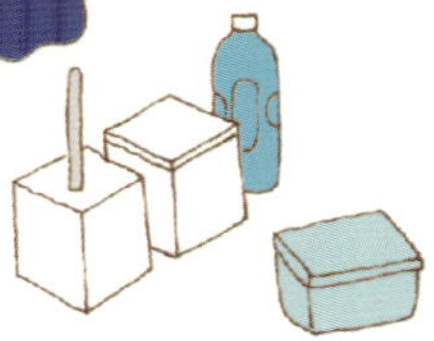

必需品は見苦しくないモノを。

ムースやシャンプー、化粧品は並べすぎない。

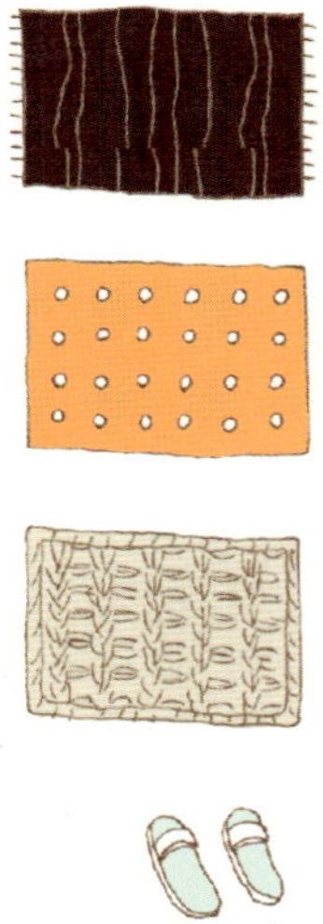

マットの選び方で雰囲気が決まる。

48.

[異空間と思えば、楽しい]　「最近はトイレつきのユニットバスは人気ないんですよ」ある不動産屋さんが言っていました。近ごろはワンルームマンションでもお風呂・トイレ別々が主流なんだそうです。我が家は築年数が古いので、もちろんトイレつきバスですが、お掃除は一回で全部すむし、一つの空間で入浴からビューティケアまでできて楽しいし、何より「独り暮らしをしてるんだなぁ」という感じがして、そんなに悪いもんでもないのにな、と思います。ただ、トイレつきバスとうまくつきあうのには少々コツが要ります。お風呂やトイレは、用のない時はほとんど扉を開けませんが、ここは手を洗ったり、鏡を見たりと、一日何度も出入りをする場所です。そのたびにお風呂とトイレを目の当たりにするわけですから、ごちゃごちゃ生活臭いと「ミニ風呂＋ミニトイレ＝トイレつきバス」と思えて惨めな気分になってしまいます。トイレつきバスはお風呂でなくトイレでもない、一つの空間ととらえること。ここが大事。そう考えてコーディネートに気を配ってみると、ここで過ごす密室感もなかなか楽しい時間に思えてくるもんですよ。

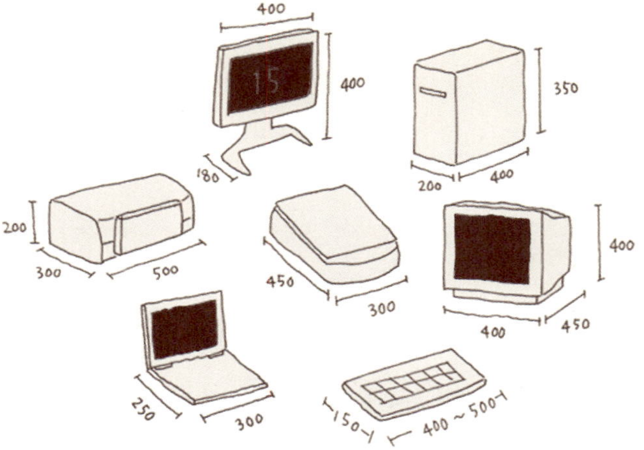

がっぷり組んでる？
～パソコンとつきあう

パソコン周辺はとにかくモノが多くて、ごちゃごちゃする。

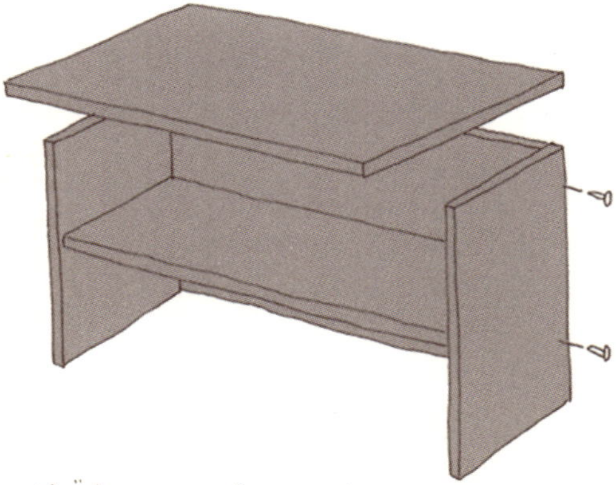

我が家のパソコンデスク。コの字脚に天板を取りつけ。

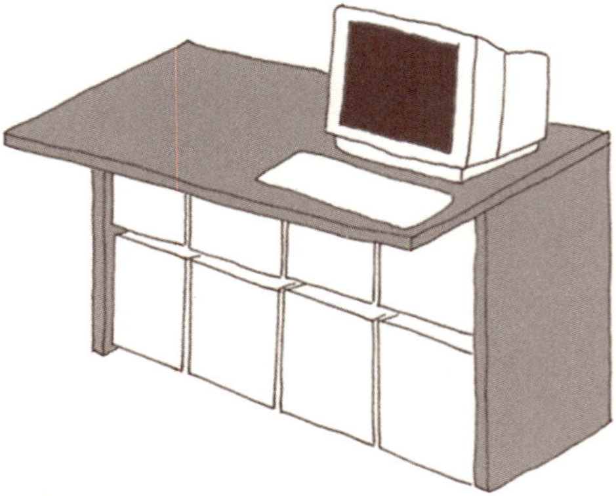

天板下にはボックスを並べて、収納に。

49.

［あなたはどこでどう使う？］ 我が家のパソコンデスクは自作品です。デザインしたという意味ではなく、実際に木を買い組み立てて作りました。市販のパソコンデスクは、どうもパソコンの存在を際だたせてしまう商品が多いように思います。私のインテリア観からすれば、パソコンは極力目立たないでほしい。それも、ないも同然くらいでいい。といって布をかぶせたり、扉で隠したりというのも往生際が悪いように思えたので、自分で気に入るよう作ったのです。私のデスクは間口1200×奥行き600 mmの天板にコの字の板脚を取りつけ、そこに棚を渡して下部収納をつけました。デザイナーの作る家具とは思えぬ単純な家具ですが、これが私の部屋にはちょうどいい。天板に横一列に置いたモニターやプリンターも、1か所集中させないことで存在感を弱め、足もとに並べたボックスも視覚的にパソコンと釣り合っているように思います。これならかろうじて部屋にパソコンがあってもいいかな、という合格ライン。パソコンはもう生活日常品です。暫定的な設置や、お茶を濁した設置でなく、がっぷり、部屋に自分に合うスタイルを見つけましょう。

ノートブックでも、どんなスタイルが自分に合っているか？
考えてみましょう。

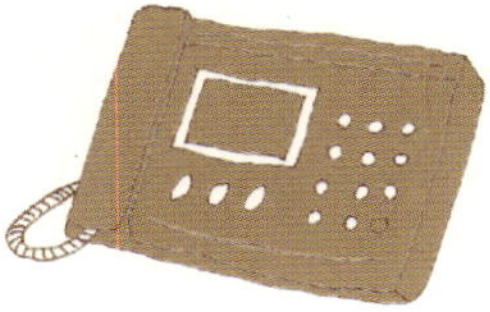

文字情報の多いモノは
文字の扱い方を見る。

思いっきり探した？〜家電を買う

構成要素の多いモノは、
いかに単純化されているか？を見る。

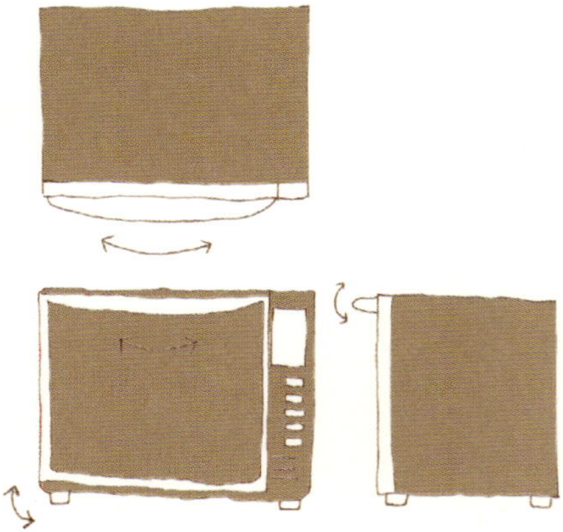

「R」というのは、こういう部分の丸みを見るコト。

50.

[ここまでしても出会いたい！] 悪口です。どうして日本製の家電は、あんなに野暮ったいのが多いんでしょう。やたらと大きなボタンに、緑や紫のアクセントカラー、親切すぎるひらがな情報に、高級感のギンギラ加工。こんなの部屋に置けない・・。電気屋街に行くといつも悪意で眉間のしわが縮まります。家電もインテリアの大事な一要素。機能や値段の誘惑に妥協しては、とんでもない買い物でインテリアに打撃を与えてしまいます。電気屋街で気に入った家電を見つけるのは、埋蔵金のごとく執念が必要です。何軒もお店を回り、店員の説明に耳も貸さず、ひたすらグッドデザインを求めて歩く。私が欲しい家電はとにかく「悪目立ちしていないこと」と「カタチがいいこと」。売らんがために主張するデザインはたいてい部屋に置いた時、他のエレメントと衝突します。家電は部屋の端役でいいから、ツヤの少ない、文字の目立たない、R処理(丸み)の上手な商品を探します。そんな女の一念が実ってか、我が家の家電はどれも主張を秘めた控えめデザインです。足で探せば、メイド・イン・ジャパンにもいいのがある！　外国製品で楽するなかれ。

天井に日常光源、ベッドサイドと窓際にナナメの照明器具。

あかりを楽しむ？

～照明について

51.

[スイッチ一つで世界が変わる]　本来「あかり」を楽しむとは、受け皿を愛でるものだといいます。光自体よりも「あかり」を落とした先に浮かび上がる床や調度品の見え方を楽しむものだと。なんという奥深さ。簡単、便利、さっぱりが横行する現代でも、この奥深さを気持ちの片隅に生活したいなと思います。といっても、やはり狭いワンルーム、浮かび上がった先に見えるのは散乱したレンタルビデオか、はたまた雑誌の山か。私たちの場合は、あかりをどこにどう置くのか？が問題のようです。いちばん考えやすく取り入れやすい方法は、天井に日常光源の照明＋αで置き式のあかりをいくつか置くというパターン。普段は天井の照明で明るく過ごし、友達が来たり、リラックスしたい時は、天井の日常灯を落としスタンドのあかりで雰囲気よく、という具合です。置き式はスタンドとクリップライトのようなものが二つあればＯＫ。いちばん受け皿のいいお気に入りのコーナーにスタンドを置き、それをフォローするかたちでクリップライトの位置を決める。こうして二つのあかりの陰影を楽しみながら、まずは「あかり」を楽しむ気持ちから始めましょ。

照明器具は光の透過・方向も確かめて選ぶ。

夏はクーラーがあるけど・・～暖房機を選ぶ

暖の基本は「着るコト」それに暖房機をプラスする。

52.

[冬だけの相棒、私の場合]　我がマンションには入居時から、冷暖房の空調が装備されていました。冬にはそれが暖房機となるのですが、ほんわかとした全体空調では寒い冬は控えめすぎて、幾冬かをすごした時、床置きの暖房器具を買おうと決意しました。私の暖房機選びのポイントは三つ。朝起きて速攻暖かくなること、ランニングコストがかからないこと、シーズンオフに邪魔にならないこと。冬の寒い時期、いちばん暖房が必要なのは朝起きてすぐです。暖かくなるまで時間のかかる暖房機では肝心な時に頼りにならず、速効性のあるものが心強い。ランニングコストも侮れない問題で、夏や冬の冷暖房繁忙期には何も使わない時期の4～5倍の電気代がかかったりします。できればコスト低が住人孝行です。さらに押入や物置のない家では、こういった季節商品は使わないシーズンの置き場所も考慮しないといけません。というようなことを、さんざん考えたにもかかわらず、部屋に置きっぱなしになるのを思うとやっぱりデザイン重視でオイルヒーターを買ってしまい、てへへと苦笑いなのでありました。

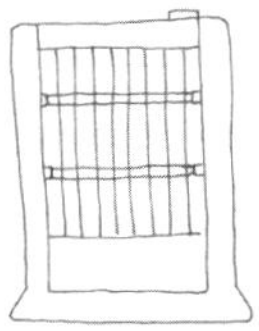
電気ストーブ

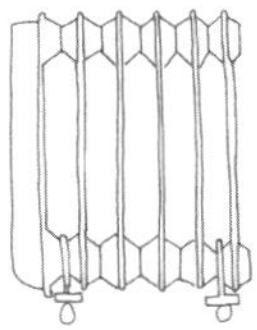
オイルヒーター

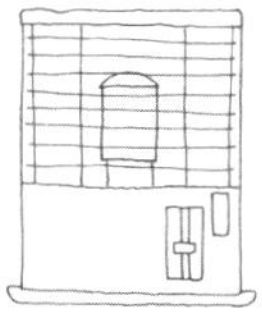
石油ストーブ

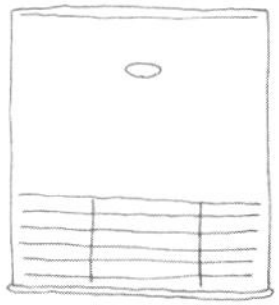
ガスファンヒーター

コーディネート

同じ位置にベッドとテーブルを置いたレイアウトも、「好きな雰囲気」で人それぞれモノのチョイスが違います。

私は重厚な雰囲気が好き

重厚な雰囲気を目指しつつ、たくさんの本を収納するために本棚は容量を優先して選んだ。

私はロマンティックがいい

好きな雰囲気の家具を集めて少しずつ全体をつくる。テーブルだけはもらいもの。

好きな雰囲気？ ～コーディネートとは

私は明るい雰囲気が好き

お金がないので家具はチープなものを。その代わり色で明るい雰囲気をつくる。

私の部屋は無機質にしたい

スチールの素材感で無機質な雰囲気をつくる。モノが表に出ないよう収納つきベッドを選択。

53.

[雰囲気ってなに？]　コーディネートとは「雰囲気づくり」です。初めて持つ自分の住まいでは、具体的にテイストを決めてしまう前に、少し「雰囲気」について心悩ませてみましょう。そもそも雰囲気とは、なんぞや？　それは、見えない空気、感じる気分です。落ち着いた感じ、明るくさっぱりした雰囲気、重厚な感じ・・。「雰囲気づくり」とは自分がイメージした空気や気分に対して、具体的なモノを当てはめていく作業です。例えば「落ち着いた感じ」という言葉から、アフリカンテキスタイルのカーテンを選んだり、重厚な天然木のローテーブルを選ぶといった具合に。自分が描いたイメージや言葉に対して、何を当てはめるかがセンスであり、そこから「個性」が生まれたりするのです。初めからテイストを決めてモノをそろえていくのも悪くはありませんが、独り暮らしでは、予算や狭さからなにかと妥協を強いられるものです。代わりの品で我慢、機能で選ばなきゃいけない、そんな時も「自分のしたい雰囲気」という軸足がしっかりしていれば、目指す方向を見失わず自分らしいコーディネートができ上がります。

どこを見てる？ ～統一感をつくる

私の「清潔感」は、ナチュラルでモノがなくスッキリした感じ。

私の「清潔感」は整然とモノが並んでいる整頓された感じ。

家具を選ぶ時

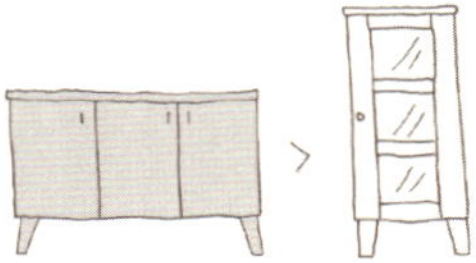

ガラス扉は中が見えるので、イメージに合わせるなら左が○。

気に入っていても整然と並んだイメージには左が○。

雑貨・モノを選ぶ時

モノを置かないなら、イメージに合うアイテムを厳選して。

単品の選び方より、全体の色が散漫にならないよう注意。

完成

目に見えるモノを最小限に抑えてつくった「清潔感」。

モノを整然と配置し、きちんとした印象でつくった「清潔感」。

54.

[雰囲気に欠かせない統一感]　コーディネートの雰囲気づくりをする時カギになるのが「統一感」です。部屋に集合させたモノがばらばらしてちゃ、一つの「雰囲気」として認識できません。ある程度、雰囲気の伝わるコーディネートにするには、全体に統一感を出す必要があります。そのためには揺れる乙女心をぴしりと律して、目指す方向を決め、初志貫徹娘でなくてはなりません。まず自分の「したい雰囲気」のどこを重視しているのか？気持ちを掘り下げてみましょう。例えば、「清潔感のある部屋」といっても、何を「清潔感」と感じるかは人それぞれです。整理整頓の行き届いた感じなのか、白っぽい色なのか、ツルツルした素材感なのか。自分の「したい雰囲気」はどんな具体的な姿をしているか頭のイメージを鮮明にしてみましょう。それが「統一感」の指針になります。買い物をする時はこの指針に沿って買う・買わないを決め、部屋にモノが集まりだした時は全体がイメージとおりにまとまっているか、この指針に基づいてチェックします。こうやって、ふらつく気持ちを指針に照合しながら、統一感をつくっていくのです。

どこから始める？
～コーディネートの第一歩

完成したアジアンテイストのコーディネート。

STEP1

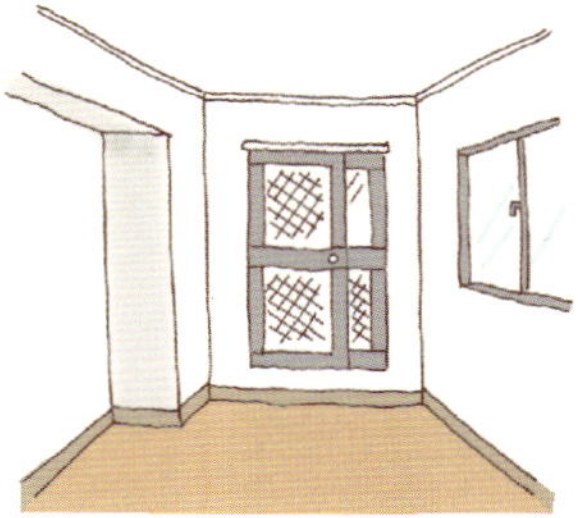

イメージがわきにくい、何もない入居したての部屋。

STEP2

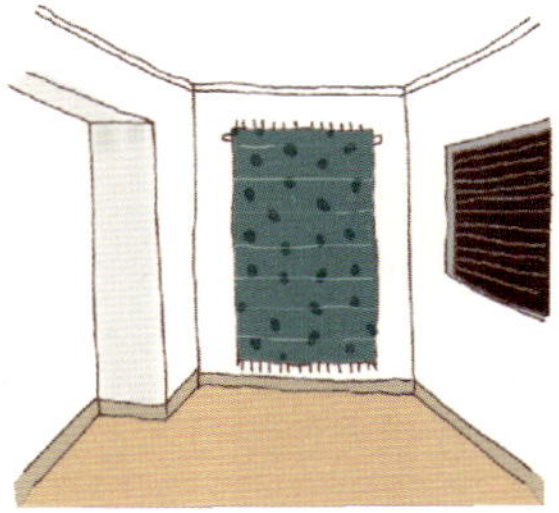

建具まわりにアジアンテイストの布とすだれを掛ける。

STEP3

徐々にできてきたイメージに合わせて、家具と小物を。

55.

[建具から始める]　「さぁあ、落書きしなさい」大きな白い画用紙を渡されても、なかなか手筆が進まないように、いざコーディネートだ！と言われても、何から始めていいかわからないものです。自分のつくりたい雰囲気と、白箱のような新居とには大きなギャップもある。壁も床も雰囲気が違って、いったいどこから始めたものか、途方に暮れてしまいます。そんな最初の一歩が出ない時、私なら「建具」から手をつけていきます。「建具」とは部屋のドアや引き戸、窓のこと。自分のつくりたい雰囲気と賃貸マンションの間にギャップをつくっているのは、建具の工業製品っぽさであったりします。この人工的な部分を最初にカバーすれば、部屋の無味乾燥さをなくし、自分のつくりたい雰囲気をイメージしやすくします。緑に囲まれた部屋なら窓にカーテン代わりのグリーンを、モダンならスチールブラインドを取りつけ、アジアンテイストならすだれを掛けてみる・・。あとはそこからイメージを膨らませて、コーディネートを詰めていくのです。白画用紙の最初の一筆に、「建具」まわりからコーディネートしてみませんか。

排気口や換気口には植木でカバー。

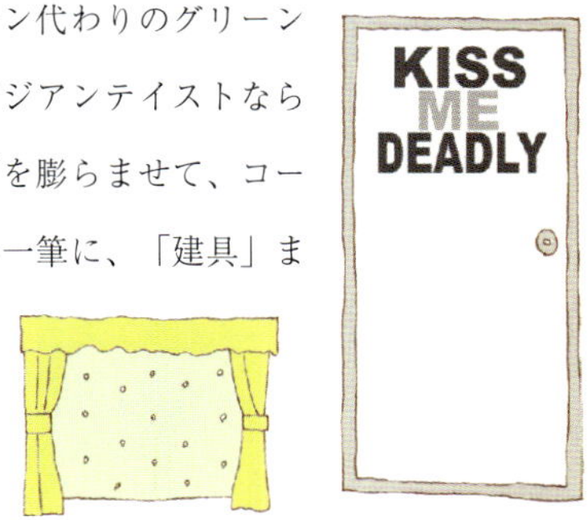

シートや布を活用して建具の印象を変える。

Natural material 天然素材

統一感、出てる？ ～素材感について

Artificial material 人工素材

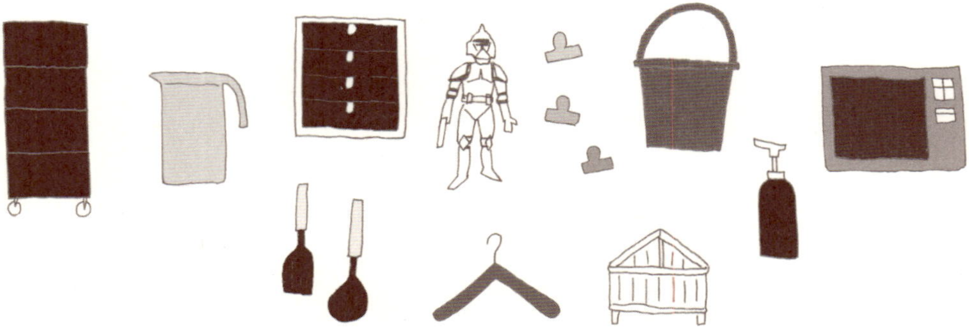

56.

[自然の素材はよくなじむ]　学生のころの授業で、老齢の大先生が「ガラスのコップとプラスチックのコップ、どっちで飲んだ水がうまい？　デザインとはそういうことを考えることだ」と話していました。印象的な言葉で今でもよく覚えています。家の中で使うものは先生のコップ同様、自然のものが体にも部屋にもよくなじみます。紙、木、布、わら、スチール、ガラス・・。自然のものを意識的に集めれば、インテリアにはおのずと統一感が出ます。逆を言えば、樹脂のようなものがあるとそこだけに違和感が生じて目立ってしまいます。樹脂は悪くありませんが上級者の素材です。インテリアの統一感に気を配るなら、樹脂を置く時はツヤのない目立ちにくいモノにするか、樹脂で目立った部分を中和させる小物を周辺に置くなどの配慮が必要です。特に手の出やすい収納用品の類は要注意です。パソコン周辺もしかりです。素材のばらばらな部屋とまとまった部屋、どっちが落ち着く？　インテリアとはそういうことを考えることだ。大先生のお言葉をぱくって格言としましょう。

パソコンの樹脂ツヤにも注意。

家具の隣で光る、スチールラック。

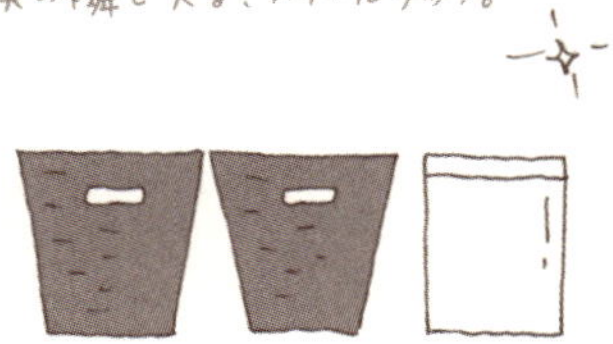

つるつる、ぴかぴか ～ツヤを知る

鏡やガラス製品もツヤが高い。

木の温かみあるインテリア、そこで光るイスのスチール。

57.

[意外な存在、ツヤ]　デザイナーが家具の試作をお願いする時、必ず指示することの一つに、「ツヤ」があります。ツヤ消しなら２分、鏡面なら７分、といった具合に塗装のテカテカ度を数字に表わして指示するのです。このデザイン作業の微細片ともいえる「ツヤ」が意外と家具の仕上がりを左右したりする。ツヤを消しすぎて華がなくなったり、ツヤを上げすぎて逆に下品になったり・・。「ツヤ」は家具デザインでは見落とすと厄介な、ゴール直前の最終関門です。先日もこんなことがありました。新居に引っ越した友人宅でのこと、「このコーナー気に入ってるんだけど、どうもうまくいかない」主人はそう言って出窓のコーナーを指差します。見ればアジア雑貨がセンスよく並んでいました。ああ、と思った私はすぐに「たぶんこの光沢のある天板のせいで、しっくりこないんだと思うよ。布を敷いてカバーしたらどう？」「なるほどぉ」友人はうんうん、うなずきながら、今まで気にしなかったけど言われてみれば確かにそうだと、早速天板を隠す布を探していました。意外に知られていない「ツヤ」は、インテリアにおいても最終関門なのです。

重い？軽い？ ～見た目の重量感

重い見た目のモノ。面で構成され、しっかりした印象。

軽い見た目のモノ。線で構成され、形状もシャープ。

58.

[厚・面・不透明で重くなる] モノには見た目にも「重い」「軽い」の重量があります。同じ木のイスでもウィンザーは重厚だけれど、シェーカーは軽快。同じサイズの天板でも、1枚モノの天然木はどっしりと重重しく、ガラスはシャープで軽やかです。このように形状の鋭角さや材質によって、見た目の重量感が生まれてきます。インテリアのコーディネートでは、モノの持つ重量感を見極められると重宝します。狭い部屋ではモノを置かない努力をするよりも、重量感を見極めて、モノを少なく見せるほうが実践的だからです。重量感は「薄いより厚い」「線より面」「透明より不透明」で、生じます。部屋に圧迫感が出たりモノが密集する場合は、シャープなカタチや線で構成された家具やモノを選び、モノによる圧迫感が出ないようにします。逆に、部屋がスカスカして貧相な時は、厚みのある面で構成された家具や扉つきの収納を選ぶと、ボリュームが出て、がらんとした不足感を解消することができます。こうして重量感を見極めれば「モノが多くなるから」と設置をあきらめていた家具も置けるようになりますよ。

主役のない絵は物足らない。

バランスのとれた主役のある絵。

主役ばかりの絵はしんどい。

主役はいる？ 〜なぜツマラナイのか？

59.

[主役の登場、高まる完成度]　うまくまとまっているのに、なあ〜んか面白みのない部屋というのがあります。ナチュラルで雑貨のセンスも抜群、なのにあんまり興味をそそられない部屋・・。コーディネートしているのに、なぜだろう？　その答えは「主役」にあり。部屋の中をパッと見た時、目の落ち着く先がないと、部屋は同調でのっぺりして見えます。これが視覚的な完成度を低くし、面白みを奪っているのです。ちょうど脇役だけの絵と同じ。1点の主役は目線をそこに向かわせ、気持ちをまとめる心理的な効果もあります。視覚的にも心理的にも、主役の不在は部屋に物足らなさを生みます。もし自分の部屋のコーディネートがさえない、面白くない、と感じたら「主役」のチェックを。主役といっても目立つモノである必要はないので、目線が集まるターゲットがあるかどうか、を見てみます。部屋の中心となる丸いテーブル、他とカラートーンの違うソファ張り地、洋書のぎっしり詰まった本棚。こういった主役があり、他のアイテムとのバランスもよければ、コーディネートはぐっと完成度を増しますよ。

60.

どちら？
～趣味とオタク

[その違いは客観性] 趣味の話です。以前、友達がこんなことを言っていました。「趣味とオタクの違いってわかる？」「・・？」「他人から見てうらやましいと思えるのが趣味で、そうでないのがオタク」なるほど。彼が言うにはこうでした。「同じようにフィギュア収集家のAさんとBさんがいる。Aさんは大切なフィギュアをリビングの棚にセンスよく並べていて、Bさんは足の踏み場もないくらいフィギュアを置き並べて生活している。フィギュアに興味のない他人から見て、うらやましく思えるのはAさんであってBさんじゃないでしょ？　それが趣味とオタクの違い」確かに、言うとおりかもしれません。何かを集めるのは悪いことでないし、集めはじめたらどんどん増えてしまうのもよくわかる。ただ自分の「趣味」が個人の楽しみから、もう一歩抜き出た「他人から見ても楽しい趣味」になるには、客観的にカッコイイかどうか見極める目が必要なのです。人はコレクションの数や珍しさよりスタイルに惹かれるものです。収集するものを見せて飾りたいモノがある時は、クールに騒がず整然と、がスマートです。

61.

［コレクションはＴＰＯ］　私の好きなモノ。動物モチーフの置物に目がありません。かわいく作るつもりはなかった、という類のハンドメイドものが大好きで、いつしか部屋に集まった動物も小群を成すほどです。中でも旅先で買ったものは持って帰る苦労もあって愛着ひとしお、「全部飾らねば」と蒸し暑い思いに駆られます。しかし、いくらプチコレクションといえ、飾りたい一心ですべて並べていると、狭い部屋はたちまち無法地帯のようになってしまいます。こういう場合、少し気持ちを冷静に、ルールを持って飾るのが部屋を混乱から守る得策だと思います。そのルールとは、場所に合わせたＴＰＯで飾ること。機能的である場所キッチンやデスク、玄関まわりには厳選したものを一つ二つ、決めた所に整然と置く。その代わりリラックスするベッド横や、リビングのような所では気ままに飾ってあれこれ自由に楽しむ。そんなふうに部屋の機能に合わせて、置くモノを厳選すれば、愛おしいコレクションとも上手につきあえますよ。かたづいた部屋のために何も置かないぞ！というのも寂しいですからね。

見せる？
～コレクション

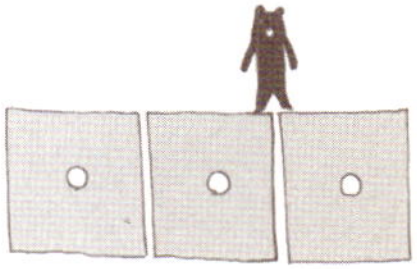

機能的であるべき場所には、厳選して1～2個。
その代わりベッドサイドやチェストの上には存分に楽しんで飾る。

濃密？ 〜音楽とのつきあい

62.

[音楽濃度でルールを見つける]　「音楽」と「生活」の関係だけは、どうにも千差万別です。音楽好きの友人たちは見たこともないような黒々しい機材に囲まれ、山積するレコードやメディアを上手に収納して、音楽だらけの生活をしていますが、私はといえばミニコンポで充分、音楽濃密度60％くらいといったところでしょうか。音楽のない生活も考えられないけれど、音楽中心というわけでもなく、メーカーがミニコンポのターゲット層に設定するどんぴしゃりのユーザー。そんな生活なので、我が家では音楽よりインテリアが優先、音楽関連はパソコンや生活用品と同様、ひっそり目立たないようにしてあります。コンポも音質や機能で購入決定というよりは、見た目重視の「デザイン買い」。設置もテレビやビデオといった黒っぽい家電と共にまとめ、ＣＤも棚を設けてベッドサイドに収納して、インテリアに「音楽」の影響が出ないようにしています。音楽は個人差の大きな部分です。それを生かしてもよし、表に出さないのもよし。どちらにせよ、「趣味のモノ」と同じくルールを持ってつきあうのが肝心です。

ハンガー：
色味は抑え、特に見える場所で
使うモノは見栄えのいいモノを。

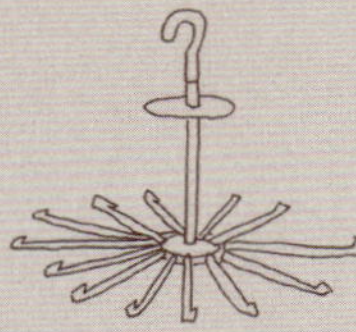

物干しハンガー：
雨の日や夜遅い時は部屋でも
使うので、白で目立たないモノを。

ホコリ取り：
ハタキ部分に色があると目立って
しまう。

ハンガー買った？

〜実用アイテムを選ぶ

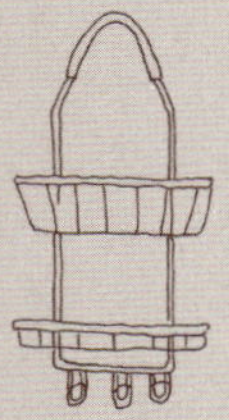

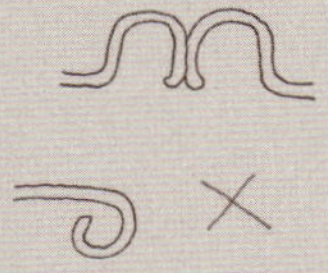

シャンプーラック：
丸パイプのアイテムは必要以上に
加工のないモノを。

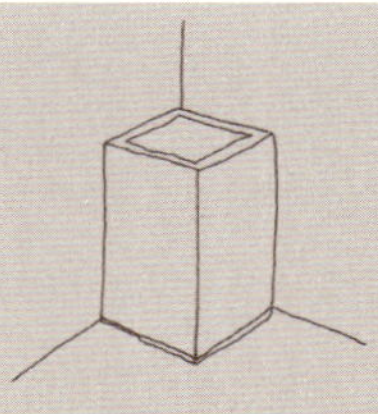

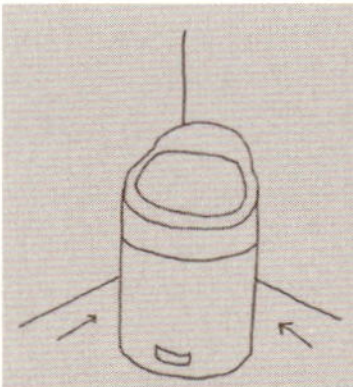

トイレゴミ箱：
隅に置きたい場合は丸いカタチを避けて四角にするといい。

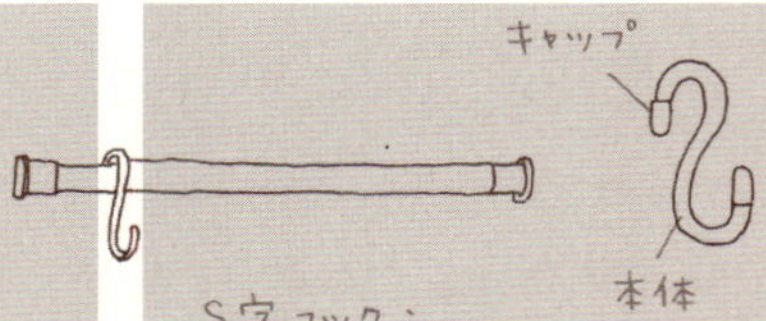

S字フック：
本体とキャップの色が同じモノを
選ぶ。色は引っかけるモノに
合わせるとなじむ。

63.

[逃げるが勝ち、という戦法] 家庭に必要なモノを買いそろえていくと「インテリアは必ずしもカワイイ領域の商品ばかりでないなぁ」と、気づく時があります。洗濯物のハンガーやシャンプーラック、ベランダのゴミ箱など。こういった実用アイテムは売場でもちょい役のような扱いが多く、なかなか目線の合うモノが見つかりません。こちらとしても、家具や食器ほど、血まなこで探すまでもないアイテムです。といって、その場のノリで適当に選んだりしたら後々目障りになるかもしれず・・。なかなか気をつかう買い物です。私はこの手の実用アイテムは、とにかく無難な色、無難なカタチで逃げてしまいます。「同じ値段ならこっちのほうがいいかな」と、凝ったデザインを選んでしまうと、部屋に入れた時それがけっこう目についてしまいます。カタチは必要以上に丸みやクセのないモノを選び、色もマンションなら壁に合わせて「白」にして多少カタチが変でも目立たないようにします。こうやって、カワイクない領域の実用アイテムは、無難に逃げて、騒がず目立たずインテリアと共存してもらうのです。

もう１個、並べる？

〜すぐに使えるコーディネート術

紅茶の缶が二つ並ぶだけでいい。

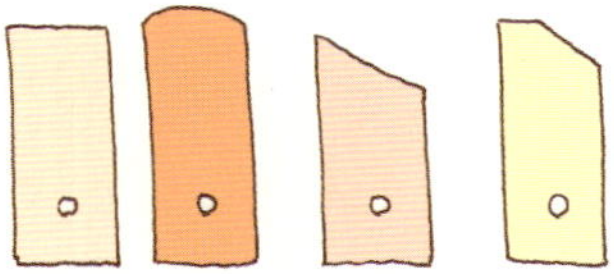

中途半端に違うのは、おそろいにあらず。

額もおそろいにすると見栄えがいい。

64.

［それは、おそろいの法則］　おそろいマジック。とにかくインテリア用品はそろえるに限ります。「おそろいの法則」と言えるほど、一つのモノが数を連ねるとミラクルな統一感を醸し出します。一つだけぽつんと置かれたタッパーウェアも、同じものが二つ、三つ並ぶと、ちょっとした部屋のアクセントに感じられ、紅茶の缶だっていくつか並ぶと、立派なデコレーションになるから不思議です。まさにおそろいマジック。私は小物入れやファイル、カゴなどのインテリア用品を買う時は、使う・使わないにかかわらず、必ず二つ以上まとめ買いをします。後々同じ商品が手に入らない事態に備えて、予見回避。さらに我が家では、アルバムもＣＤ－Ｒも資料のファイルも、すべてＡ４で統一してあります。それもそれぞれ専用のリフィルを買って、ファイルはすべて同じ商品、という徹底ぶり。ここまで来るとマジックというより呪縛といった感じもしますが、それほど「おそろい」への信頼が高いのです。スッキリした印象をつくるにも、見た目の寂しさを解消するのにも、統一感を出したい時は「おそろいマジック」にお任せあれ。

カタチが違っても色がおそろいなら、統一感が出る。

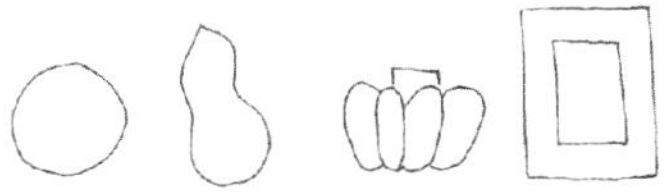

コーディネートの敵？

～便利商品、アイデア商品

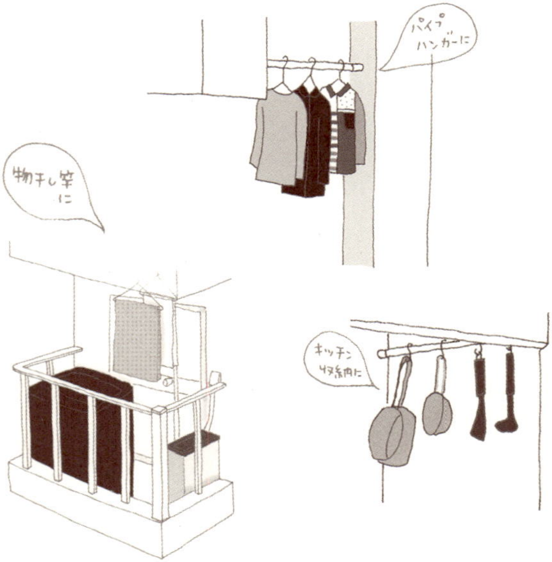

我が家の突っ張り棒。どこも目立たず、ひっそりと。

65.

[ひそかに使って便利に酔う]　突然ですが、世の便利商品を侮っちゃあいけません。我が家では「突っ張り棒」をキッチンの吊り下げ収納、洋服ハンガー、物干し、と３か所に使っていますが、そりゃあ便利です。「突っ張り棒」とは、ホームセンターなどで売られている、反発力を利用して取りつける例のあれ。我が家で使用の３か所はどこも釘を打てない場所だったので、この便利商品のおかげで大いに助かりました。便利商品は、ださくて、みすぼらしくて、コーディネートの悪因のように思われがちですが、要は使い方です。便利なものは便利なので、上手に使えばいいと思います。ただ、こういったモノを部屋に取り入れる時は、心得がないと、そこだけが生々しくなってしまいます。取りつけるのは生活目線からは見えない所にし、色も、マンションなら壁に合わせて白、キッチンは水回りや流しに合わせてステンレスにする。つまり、使っていることがわからないように、が心得です。便利商品も使い方次第、そう思ってホームセンターに行ってみてください、不便を解消してくれるお宝がごろごろ眠ってますよ。

199X 狭いながら、ソファとテーブルでくつろいで。

200X パソコン中心の一角に。あの雰囲気はいずこ…

新参者の侵略 〜新しいモノが加わる

66.

[新参者とは闘いである]　自宅にＭａｃを買ったのは６年ほど前です。会社員だった当時のパソコンはメール専用でしたが、ボーナスを機に意気揚々と購入。と、ここまではよかったものの、この新参者が我が家のインテリアを大いに狂わすことになったのです。それまでの我が家は、ソファとテーブルのある狭いながら、くつろいだ雰囲気の部屋でした。Ｍａｃが来た当初はその雰囲気を壊すのがイヤで、ソファ横にローテーブルを置いて、パソコンスペースとしていました。が、しばらくして退社。家で仕事を始めると、床座パソコンはモーレツな肩こりの原因となり、作業効率も悪くなる始末。もう駄目だ。ついに観念して、お気に入りのソファコーナーを撤去、そこにデスクを新調したのです。床座からイス座にしてみると仕事はしやすくなりましたが、部屋はＭａｃに占拠されたパソコン小屋のようになってしまいました。狭い部屋では何か大きなアイテムが加わるたび、こうやって、コーディネートは乱れ、根本的なレイアウト変更も余儀なくされてしまうのです。新参者とは常に闘いである、お買い物の時はお忘れなく。

シンプルを嘗めるでない

～シンプルということ

67.

［シンプルこそ、豊かであれ］　シンプルとは、簡単なようで難しい言葉です。よく「シンプルな部屋で快適に」とか「シンプルなモノを選んで云々」と目にしますが、便利な言葉でかたづけすぎじゃない？といつも思います。本意のシンプルとは、余計なものをそぎ落とすことによって目に見えない豊潤さを手にすることです。そぎ落とす過程に、悩みとたくさんの思い入れがあるから豊かになる。ただ直線を引いても豊かさはつくれないのです。いい例に、日本家屋はほっと落ち着くけれど、モノを置きたくないという人の部屋は人間味がなくどこか心もとない感じがします。「かたづいた部屋が好き」で完成させるシンプルは、人を豊かな気分にさせるには浅薄なのです。モノのないシンプルな部屋にしたい時は「味気ない部屋」になっていないかに気を配る必要があります。モノを置かず、クセのない直線で構成された部屋でも、そこに漂う空気が豊かであること。そんなことを気にしながら部屋をつくれば、きっと、イージーなシンプルとは一線を画す、良質のインテリアになるはずです。

居心地はいい？～コーディネートの意義

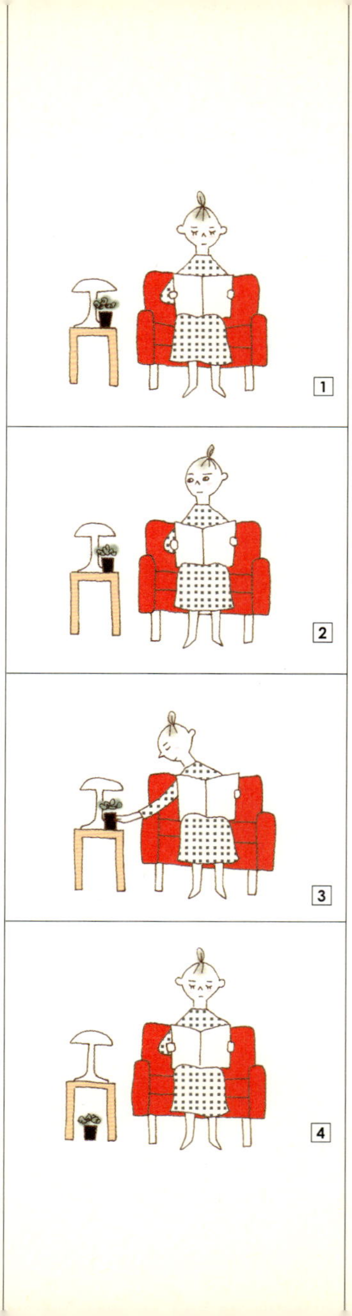

68.

[内面に働きかける部屋]　自画自賛な話。その昔、会社の友達が我が家に来てくれた時のことです。部屋を見た一人が「かたづいているのに、なんか必死じゃなくて落ち着くね」と、ひと言。なんともうれしいほめ言葉で、しばらくいい気分だったのを覚えています。落ち着く、安らぐ心地よい。コーディネートの本当の目的はそこにある、私はそう思います。表面を飾りたてるのでなく、内面に働きかける「居心地」をつくること。コーディネートで言う「雰囲気づくり」とはそういうものでありたいと思います。色のトーンやレイアウトで、部屋に落ち着きや安らぎをもたらすことはできます。でもそれらテクニック以上に大切なのは、日々試行錯誤する気持ちです。部屋が完成しても、しっくり来ない部分は手を動かして微調整し、駄目ならまた別の方法を試してみる。目に見えない「居心地」は、万人の答えがあるわけではなく、むしろ自分で答えを見つけないといけない漠然とした作業です。毎日のささやかな試行錯誤が、部屋に愛情を持たせ、その愛情こそが「居心地」へと変化を起こす、そんな気がするのです。

えへへ、うふふ～失敗だったと笑える日

69.

[カモン、失敗！]　すてきなコーディネートの必要条件というわけではありませんが、時には失敗も大切だなぁと思います。我が家も例に漏れずたくさんの失敗をしてきました。新居に移ってすぐはベッドの位置が悪くて寝つきが悪かったし、小物入れにと買ったガラス器は置いてみるとさんざん。天井に掛けようと買った数メートルもの布は失敗してムダになったし、玄関のタイルばりは接着剤を間違えてぽろぽろはがれ（現在もはがれ中)、最初に買ったベッドカバーの紺色は､部屋を暗黒に導いて大失敗、枕カバーのオレンジも発狂もの・・。初歩的なミスからヘンテコな買い物まで、とにかくいろんな失敗がありました。そのたびに大きな自信喪失に陥りながらも、後々には実感こもる教訓を手にしたのです。失敗せずに最良の結果だけ手にしようとしても、うまくはいかないものです。惚れ込んで買ったマグカップも、センスの磨かれた数年後にはあさはかな趣味に思えるし、そんなふうに過去にほほを染めながら時間を重ねることで、自分らしさも築かれていくのだと思います。

数珠つなぎ？

〜色づかいの決め方

同系色で合わせていく。

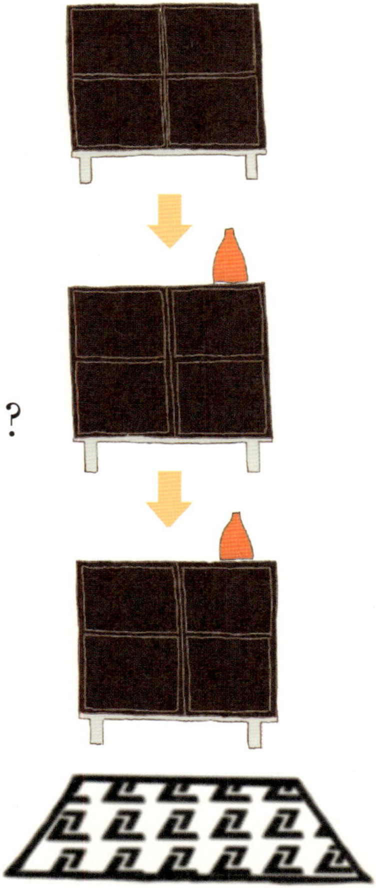

明度を合わせながら、メリハリをつける。

70.

[色は数珠つなぎで決める]　色はギャンブルです。勝てばはっとするようなセンスよいインテリアを生みますが、負ければ悲惨な色洪水の間となってしまいます。それほど狭い部屋の色は難しい。色で失敗しないためには、むちゃな賭けは避けて無難に手を打つことです。白～茶系の濃淡でコーディネートすればまず失敗はありません。しかし。それじゃあ少々つまらない。といって、テーマカラーを２色決め、それを繰り返すような部屋もしらじらしい。失敗なく、かつ面白みのある色のコーディネートをするには、数珠つなぎで色を決めていくことです。机上計画はナシ、買ったモノに合わせて順に、色を決めていくのです。最初に大きな焦げ茶のローシェルフを買ったなら、それを部屋に置いた空間を見てから、次に買う花瓶の色を決める、で、それを見てからまた次のラグの色を決める。モノを見て色を決めるのだから、ギャンブル性は弱まります。色が寂しいと思えば反対になる色をおき、目立っていると思えばなじませる同系色をもってきます。この要領で色をつなげば、初心者も大穴確実!?では。

迷ってない？～色の影響力

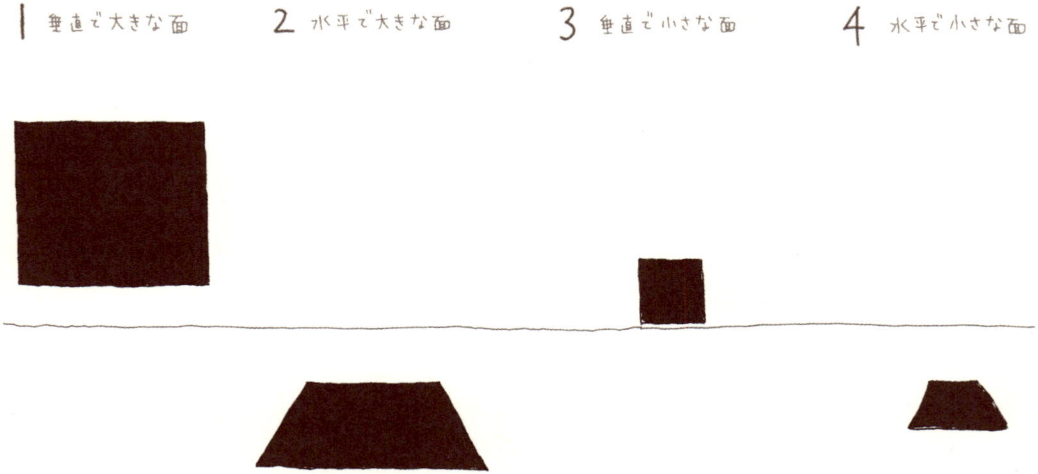
1 垂直で大きな面
2 水平で大きな面
3 垂直で小さな面
4 水平で小さな面

71.

[面によって違う、色の影響力]　色について迷ったら「面」で頭の中を整理してみましょう。カーテンや家具、ラグ、ベッドカバーなど、どの色にしようか迷った時、その部分を部屋の中の「面」ととらえ、理論的に解決策を見いだすのです。「面」にはカーテンのような垂直の面と、ラグのような水平の面があります。またベッドカバーのような大きな面と、クッションのような小さな面とがあります。部屋への影響力が強い順に、(1)大きくて垂直 (2)大きくて水平 (3)小さくて垂直 (4)小さくて水平、となります。部屋の中の色が散漫になっている時は、影響力のある面にクセのない無難な色を選び、アクセントになる色を小さい面にとどめると、全体がまとまります。ただ、大きい面に平凡な色ばかりつかうとのっぺりした印象の部屋になってしまうので、その時は風合いのあるテクスチャーや小さな柄の入っているモノを選んで、味つけをするようにしましょう。逆に色が足らない場合は、影響力のある面のカーテンやラグを替えてみると、部屋の雰囲気が一変します。こちらは一変しすぎるので、くれぐれも慎重に。

色、あきらめてない？

〜手軽な色の取り入れ方

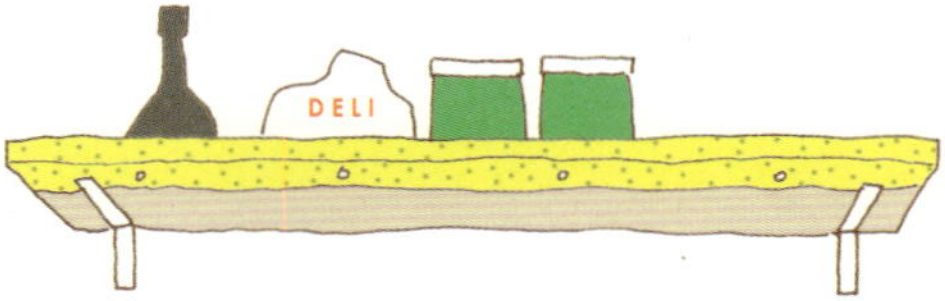

作業が荒いとテープに見えるので注意。

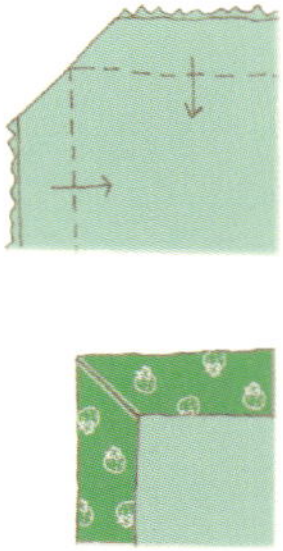

一手間を惜しまず、端処理を。

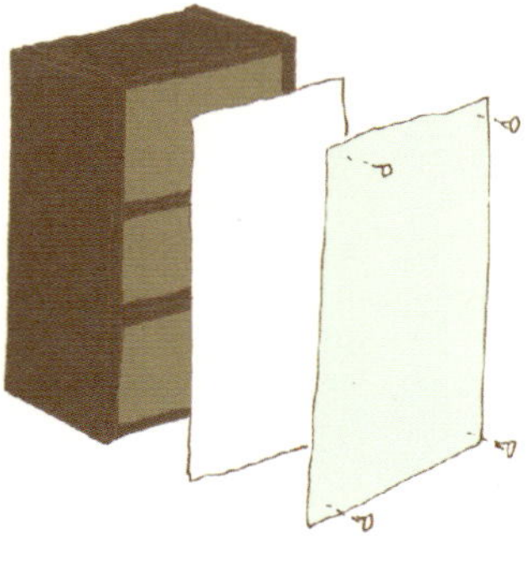

好きな布を買ってきて、壁にはる。

薄い色には透けないように下ばりを。

72.

[布で色をつける！]　部屋に色をつけたい時、布は意外と使える材料です。ペンキだと、材料を買ってきて、場所を確保して、準備、それから塗装して、乾かして・・とゴールまでがえらく面倒ですが、布なら気に入った布を買ってきて、ぽんぽんととめるだけ、それでハイでき上がりです。作業で汚れることもないし、失敗もまずありません。仕上がりもペンキのように手作りっぽい荒さがなく、ニュートラルな均一面が手に入ります。これを使わない手はありません。我が家では、そこここに布を使っています。無印良品のボックスに布をあてがって背板をきれいにしたり、自分で作った棚に白い布をとめて表面塗装の代わりにしたり、はたまた防音パネルの天井を布で覆ったり・・。布の定位置はカーテンやカバーだけにあらず。色が欲しい時はもちろん、ちょっと目隠しが欲しい時など、大がかりな作業をせず、気軽に変化をつけるには、布が強い見方です。大きな空間ではこのような布づかいはチープですが、狭いワンルームではご愛嬌です。さ、さ、そこの丸見えのカラーボックスも丁寧に作業して、布で覆い隠してしまいましょ。

背板に布をはれば、部屋の間仕切りにも使える。
画鋲は目立たない位置に、隠すような気持ちでとめる。

異空間ユニットバスも アクセントカラーで楽しく。

調理以外は長居しないキッチン。ここも遊べる。

色で吹っ飛ばせ！～色で遊ぶ

普段の生活からは見えない扉に、色をつけてみる。

玄関ドアを開けてすぐの所に、カラフルな布を。

73.

[こんな場所こそ、色！]　我が家の話です。キッチンユニットの奥の壁にグリーンのカラーシートを貼っています。玄関を入ってすぐ目にするユニットバスの扉はアイリス。どちらも「狭いからしかたなくこうなってます」と、虐げられたような暗い場所だったので、色をつけてみました。機能性や快適さには何も変化はありませんが、気分は断然楽しくなりました。色には気分を高揚させる効果があります。それはお気に入りの花瓶を飾るようなつつましやかさとは異なる、大味で速効性のある効果です。だから部屋の真ん中や大きな面積に色をつかうのが難しいとされるのですが、小さな面や生活目線から見えない場所なら気にすることはないと思います。特にワンルームがゆえに発生するような隙間や狭々しい場所などは、部屋とのコーディネートに気をとられず、大胆に勢いある色づかいで、滅入る気分を吹き飛ばしましょう。年を重ねれば、自然と格のある落ち着いたインテリアに心揺れるものです。若い独り暮らしの時は、色の楽しさを堪能したらいいと思います。ただし、日常目線で見えない場所ですよ。見えない場所。

9 what's up? LIFE GOES ON

くらし・まいにち

心意気、続いてる？

～友人を呼ぶ

74.

[インテリアの復活祭]　インテリアに気を配る、いちばんいいきっかけは「友人の訪問」これに尽きると思います。常々自分一人ででもインテリアに気を配れればいいのですが、それはよほどのインテリア好きでないと難しいこと。たいていの人は住みはじめてしばらくすると、悩んでいたベッドの位置も、気に入らなかったラグも、床に置いていた雑誌や本も「このままでいいやっ」と思うようになってしまいます。部屋に慣れてそう思うのは悪くありませんが、部屋への興味が薄れたのなら要注意。せっかく快適に住めるよう計画した部屋も維持・更新できなければ意味がありません。そんなだらけた気分に喝を入れてくれるのが友人の訪問です。それも親しい人ばかりでなく、友達の友達といった少し距離のある人なら、なおさらいい。友達が来て自分の部屋を見るとなると、やはり汚い部屋や、もっさりした部屋では格好悪い。人の目にさらされて美しくなるのは女性だけではなく、家も同じこと。インテリア魂を呼び覚ます復活祭。人が集まるのも楽しいこと、家にはどんどん友人を招きましょう。

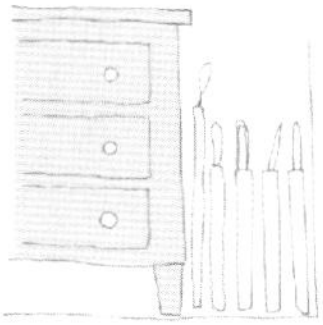

だんだんどうでもよくなって、気の抜けた部屋になってませんか?

それ、しまっとく？

〜生活臭いモノ

75.

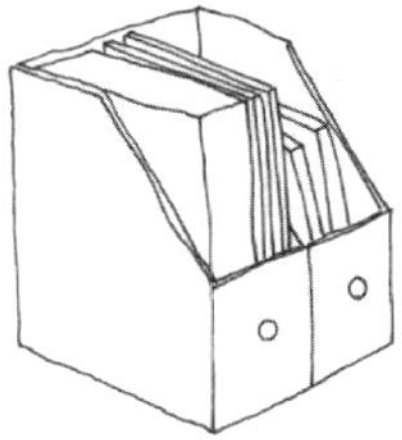

アルバムやパンフレットはボックスにまとめて。

[狭いから、美意識なんです]　あまり真に受けずほどほどに聞いてください、という前置きで始める話です。部屋にある「生活臭いモノ」ってインテリアの大敵だと思いませんか。掃除機や殺虫剤、ハンドクリームにマニキュアの除光液、ヘアムースにＦＡＸ用紙の予備・・。私たちの身の回りは生活用品であふれ返っています。そんな品々がはびこる部屋はどんなに格好よく計算されたインテリアでも、どこか気の抜けた感じがします。ちょうどブランド物のバッグから､クリーニング屋の100円割引券でものぞいているようなそんな、とほほ感。そういうのを持つことは悪くないけれど、無神経に見えてしまうのはだらしない。広い部屋に住んでいるなら、この程度のことに神経質になる必要はありませんが、狭いワンルームでは微々たる生活臭さもインテリアに影を落としてしまいます。狭い部屋だからこそ、やぼったいパッケージのモノはひとまとめにして袋に入れてしまう、生活用品は扉のついた収納家具の中にしまう、多少の不便はあってもインテリアを優先させて生活しませんか？

美容小物もあれこれ増える。

変なパッケージのは後列に。

基準はどこに？

〜お金の使い方

お鍋
食器
テーブル
チェア
カトラリー
額縁
タオル
住居が変わっても使い続けそうなモノは
少々高くてもかまわないのが、私の基準。
ミラー
クッション
カーテン
家電
収納家具
シーツ
今、この部屋でしか使わないモノ、追々
買い替えそうなモノは安くても。

76.

[個性のあるお買い物]　「安物買いの銭失い」とよく言いますが、安くてもデザインも品質もよければ、それでいいのです。問題なのは、安いばっかりに品質が悪く買い直すはめになる商品。そういう後味の悪いことになるなら、最初から高くても品質のいいものを買ったほうがいい。私は過去の苦い経験から、そう思うようになりました。お金の基準は人によって違います。売場でもモノはピンからキリまでそろっています。コルビュジエのソファに何十万出す人もいれば、千円の座ぶとん一つで満足な人もいる。どちらを選ぶも自由だけど、大切なのは「これは○○だから高くていい」「○○だから安くてもこれでよし」という自分なりの基準があるかどうかです。高ければ何でもいいモノだと思いこむ安直さも、安いモノで何でもすませてしまおうという短絡も、どちらもどこか格好悪いのはお金に対するジャッジが自分自身にないからです。誰かの通論や価値観は横目に、自分の基準で買い物をしよう。お金に対する価値観も個性の一つです。個性の反映されたインテリアをつくるのは、個性あるお買い物から、と思いません？

美しいカタチに惚れろ

～美しいを見極める

77.

[欲深く、見る目を磨く]　テレンス・コンランが自著の中で、日本のカーデザインについて「～自信にあふれた簡潔さに欠ける」と評しているのを読んだことがあります。言い得て妙だなぁと思いました。日本人はカタチの美しさに対して、貪欲さがつつましいのでないか。それがひいては創る側の意識も甘くしてしまうような気がします。美しさに惚れるということは、文化をはぐくむ心にもつながる。どんな些細な日常品を買う時も、私は美しさを意識する心を持ちたいなと思います。モノの美しさ、それは完成度と緊張感で成り立っています。完成度はおさまりで、緊張感は切れ味です。完成度の低い、いわゆるおさまりの悪い商品はあと一歩足りないか、あと一歩余計なものがついている。そういうモノはたいてい、全体の面持ちがぎこちなく、誰の目にも美しくないと映ります。一方、緊張感は欠くと歯切れが悪く、妥協の跡を感じさせます。美しいカタチには「絶対このラインでなくてはならない」というつくり手の心意気のようなものがあります。総じて、美しさを見るとは、モノに宿るその気迫を感じ取ることなのかもしれません。

お隣さん、ご存じ？

～ご近所とのおつきあい

78.

[大きなハコに住む者どうし]　私の真上に住んでいた男の子には、ずいぶん泣かされました。騒音です。私も生活が不規則で友達がちょくちょく遊びにきたりと、決して模範住人とはいえませんが、彼のうるささは通常レベルを超越していました。音楽は毎日窓を開け放って大音量、昼夜問わずカラオケの練習に大声で励み、挙げ句に週末は友達と朝まで生ダンスというご乱心。ついでに言えばカラオケはうまくないし、選曲もセンスない。お手上げです。私も当初は彼を「アホえもん」と名づけ彼の暴挙にも余裕で構えていましたが、日々続く頭上からの騒音に、だんだん悪意のある苛立ちが募るようになりました。大家さんや近隣の人々が注意していたようですが、結局騒音はやむことなく、彼は引っ越していきました。私はお隣の女の子とは目が合えば挨拶くらいはします。少しは顔見知りなので彼女が友達と騒いでも気にはならないのです。ワンルームマンションはお隣なんて顔も知らないのが当たり前ですが、多少なりとも知っていたら、騒音を出す人も出される人も、少しは相手に思いやりを持てるんじゃないかなぁ。

詰め替えるライフ〜日常リサイクル

79.

[ちっちゃい、でもいい感じ]　コンビニのうどんを食べるたび、う～むと考えること。「私のご飯一食に、なんでこんなゴミが出るんだ？」懇切丁寧な包装から出たゴミを前に、コンビニでご飯をすませるイージーな生活態度とは裏腹な、スッキリ割り切れない気持ちが募ります。「じゃそういうあなたはどんなリサイクルを？」そう問いつめられると「はぁ決められた日に分別ゴミを出す程度の毎日で・・。うどんも文句を言いつつ食べてますし・・」と、しどろもどろの私ですが、こういううどんの包装にケチをつけるような、小さな日常感情こそ大事なんじゃないかなぁと思います。スーパーでは要らないビニール袋をもらわない、ゴミが出ない商品を選んで買う、些細な実践は大きすぎる全体にたじろいでいるより有用な気がするのです。私はシャンプーや洗剤、入浴剤などはリフィルだけを買って好きな瓶に詰め替えて使っています。ホントのところは、あんまり好きでないパッケージに毎日つきあうのが嫌だっただけなんだけど、これも些細な実践のような気がして、詰め替える時はいつも気分がいいのです。

(10) here goes ! **CLEANING&CLEANUP**

掃除・かたづけ

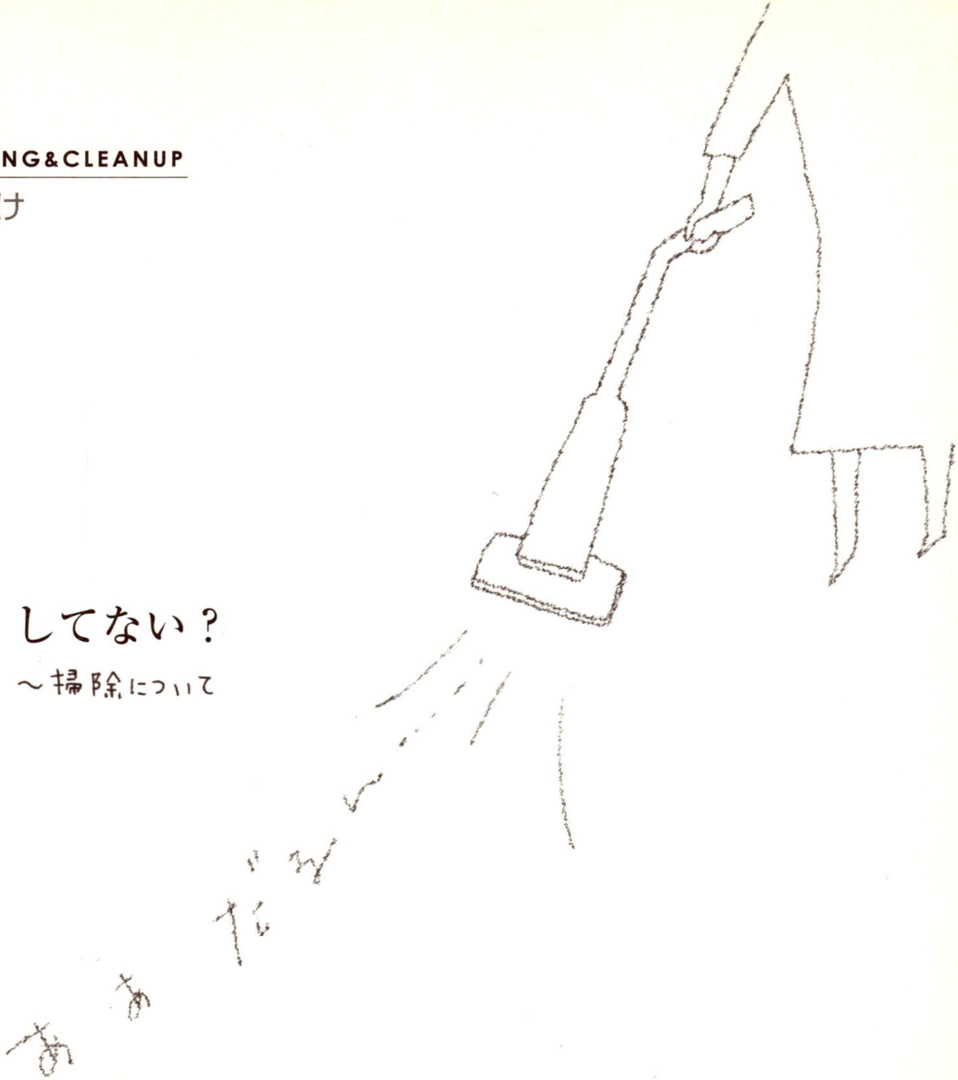

だらだら、してない？

〜掃除について

80.

[すぐそこにある気分転換]　理由なく何をするにも気分がのらない日、とにかく面倒くさくてだらけてしまう日、そんな時、私は部屋の掃除をすることにしています。掃除機をかける程度の日常の掃除でもいいし、お風呂のカビ取りのような徹底的な掃除でもいい。とにかく掃除をします。最初は、はぁとため息まじりに掃除機を握るのですが、部屋がきれいになっていくうちに気分がのってきて、しまいには掃除が楽しくなってきます。そして掃除が終わり「お疲れさん」とため息をつくと、どうでしょう。部屋同様、自分のさえない気分も、きれいさっぱりなくなってスッキリしているのです。もともと面倒くさがりだからそんなことで気分が転換されるのかもしれませんが、私にはこれが特効薬。だらだらしているのが楽しい日もあれば、それが重荷になる日もあります。独り暮らしだとそんな自分を誰も注意してくれません。望まずだらだらしてしまう時、買い物をして気分を晴らすのもいいし、友達に会って楽しく過ごすのもいいけれど、意外と身近なところにもいい気分転換があるのです。

10 here goes! CLEANING&CLEANUP

おかたづけはお好き？

～かたづけられないあなたへ

81.

［ぐうたらには避難所を］　掃除をするたび、もう二度と散らかさないぞと心に誓いますが、数日ともったためしがありません。とにかく私は常こまやかに整頓し、きれいな状態をキープするのが大苦手です。インテリアの大敵である、このぐうたら心を更生させるには、どうすればいいか？　ちょっと考えてみましょう。狭い部屋でいちばん散らかるのは洋服です。次いで雑誌や本。そして、爪切りのような小物。このトップ３の放置がそもそもよくない。洋服は疲れて帰っても脱いだままにはしない。洗濯物もたたみ終えたらすぐしかるべき場所へ移動。本や雑誌は読みかけて放置したりせず、小物も用事がすんだらその手でかたづける。・・しかし。これができないから散らかるんだよなぁ。また、そんな邪念が頭をよぎります。やはり、ぐうたら心はすぐには更生しそうにありません。心を律せないとなればやはり「避難所」を作るしかない。テーブル脇でもベッドの端でも、１か所ここと決めたらそこから外にはモノを流出させない、散らかさない。まずはこれからスタートして、いつしか日々かたづけられる人間になろうじゃありませんか。

身近なモノを避難させる
トレーを用意する。

テーブルやソファ、ベッドなど大きな面より
目につかない小さい場所を
避難所にするよう心がけましょう。

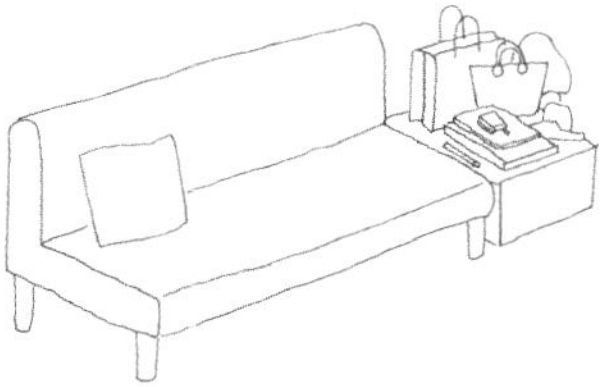

はたはた、ぱたぱた

～ホコリとの小競り合い

ホコリ掃除には、ハタキと雑巾。

82.

[ワンルームの宿敵、ホコリ]　ワンルームの部屋では本当によくホコリが立ちます。テレビやＦＡＸがうっすら白むたびに「面倒だな～」と、ハタキを手にぱたぱた始めます。なんせ寝室でご飯を食べているような生活ですから、しかたないといえばしかたありませんが、どうにかしたいものです。ホコリが目立つのは、白より黒、シワシワよりツルツル。ハタキの面倒さを思うなら、黒い家具は置かないこと、もしくは黒っぽい所にはあらかじめ布を敷いておく。その布も白っぽくて織り地に凸凹があるものを選ぶと、ホコリが目立ちません。さらに家具の仕上げもクリアな鏡面よりも、風合いのあるテクスチャーを選び、テレビも黒よりグレーにする。多少のホコリはモノの選び方で目立たなくなります。根本的な解決にはなりませんが「ホコリがイヤだから」とインテリアに影響が出るのも寂しいので、苦肉の策ででもホコリをしのぎましょう。西洋では18世紀ごろからピカピカとつやのある調度品が家庭に入るようになり、鏡面磨きに追われる主婦の家事は増大したそうな。ホコリとの小競り合い、これは歴史ある因縁対決（？）なのです。

こちらはいかが？ 〜ファイルボックス

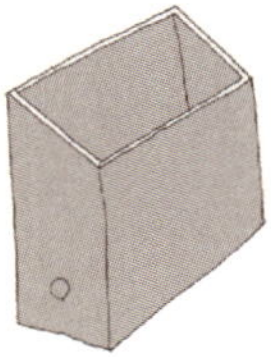

ボックスごとに
資料を分類して。

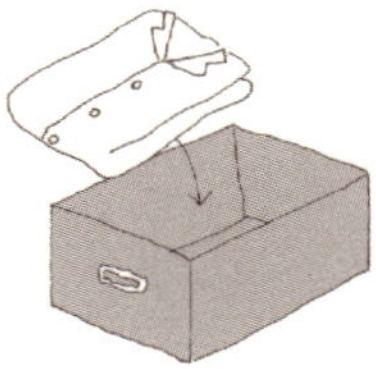

平型のボックスに洋服を。

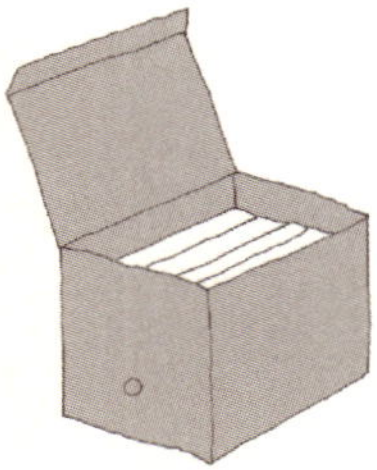

フタつきボックスに
使わないハガキを。

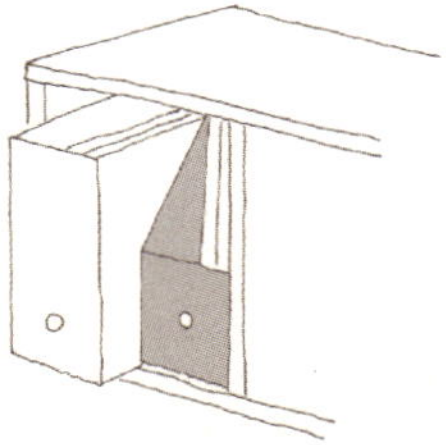

縦型ファイルボックスなら、
カラーボックスにも納まりがいい。

83.

[オフィス用品を活用せよ]　ファイルボックス。会社勤めのかたにはおなじみの、あのハコです。資料をまとめて収納庫に、デスクワゴン下段に、控えめながら有能なオフィス用品です。私は家庭でもファイルボックスをよく使い、デスクの上はもちろん、雑多な資料や帽子やカバンの収納にまで愛用しています。よれよれする雑誌もファイルボックスに入れておけば自立してかたづけやすく、中途半端な空きスペースにもファイルボックスを置けば仕切りになるのでスペースも有効に使えます。さらに紙であれば、部屋の中にずらっと並べても主張せず、捨てる時も後ろめたさが少なくてすみます。最近はカタチも材質もバリエーション豊富ですが、ロゴが入っていたり紙にコートがかかっていたり、デザインの凝ったのは部屋との相性を選ぶような気がします。完成された部屋にファイルボックスを置く場合は、素っ気ない段ボールくらいのが見た目にも邪魔になりません。オフィス用品を活用せよ、されどオフィスっぽさを持ち込むなかれ、これをお約束にファイルボックスであれこれかたづけてみませんか。

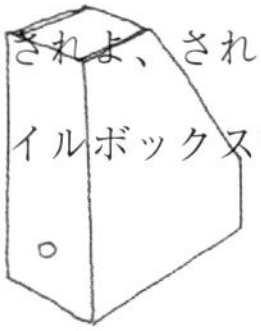

ASKUL
ダンボール製ボックスファイル
A4タテ（10冊入）¥1,280

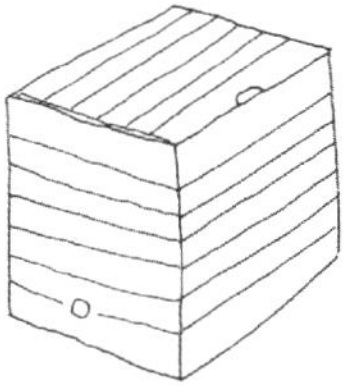

ASKUL
ダンボールケース
(小)A4　(10枚入) ¥1,980

私の使っている
ファイルボックス。

お値段もお手頃。（価格は税別。2003 秋冬 ASKULカタログより）
オフィス向けのASKULですが、個人でも購入可能。詳しくは http://portal.askul.co.jp/

こちらもいかが？ ～レタートレー

浅い書類用よりも深いほうが家庭向き。

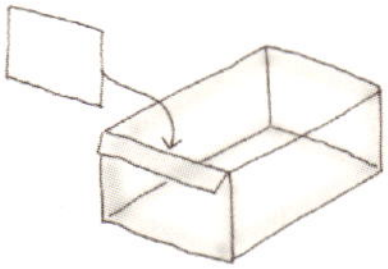

中身が見えすぎる
場合は、中からシートを。

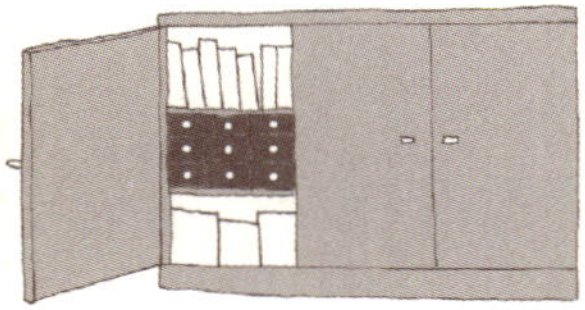

見た目を重視して、家具の中へ。

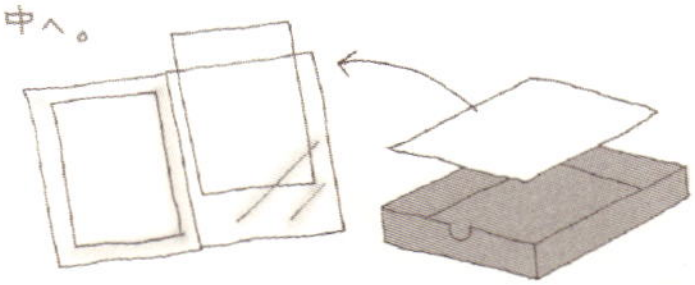

紙類は見やすいクリアファイルに。

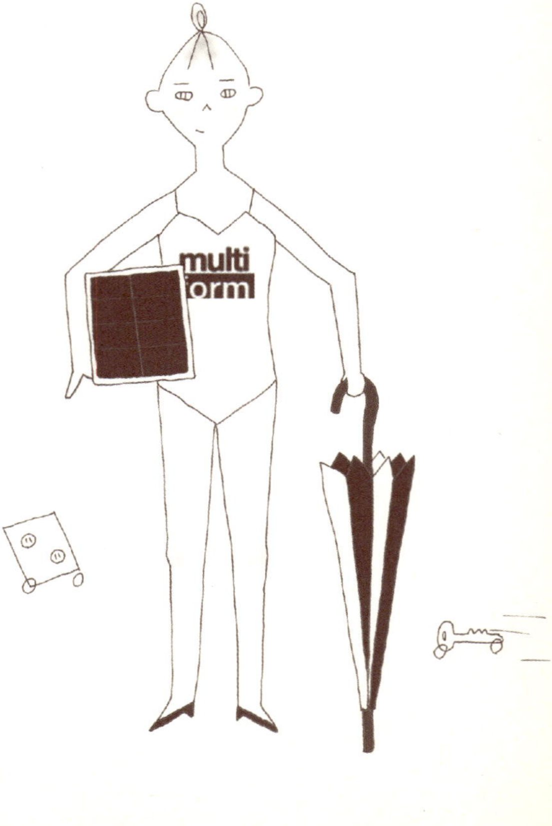

84.

[オフィス用品を活用せよ 2]　我が家ではレタートレーを玄関に置いているのですが、これはホントに優秀。6個に仕切られたトレーは「アクセサリー」「薬」「領収書」「マニキュア」「ネジ・カギ」「雑」と区分しています。よく言われることですが、こまごましたモノは指定席を作ると、散乱も紛失もしなくなります。紛失日常の私もこのトレーのおかげで、指輪がない！目薬がない！という厄介な毎日から解放されました。さらにこれがあればモノが増えても、毎回新しい収納場所を確保する必要なく、常に整理整頓が保たれます。レタートレーはいろいろな種類がありますが、家庭では事務用の浅いA4トレーより、幅狭の深さのあるモノのほうが便利。オフィスと違って家庭では紙類は少ないし、高さのある小物が多いのでこのタイプが使いやすいのです。あとレタートレーは機能的な見た目なので、部屋に置くとそこだけが事務所っぽくなってしまいます。樹脂製や中身が見えるトレーの場合は、インテリアの邪魔をしないよう目立たない場所に置くか、中身の見えない工夫をお忘れなく。

私が使っているのは
カセットテープ用に作られたレタートレー。
H70～80mmのトレーが使いやすい。

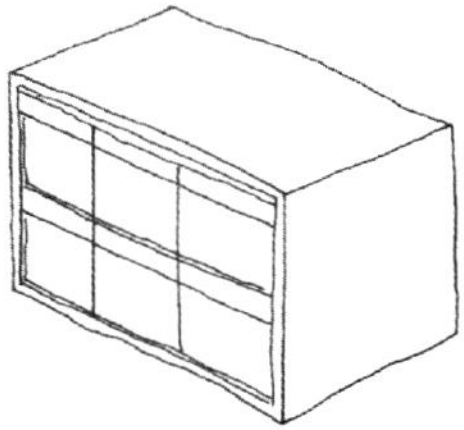

大きな収納も同様に「雑」を作る。

いざ、聖地へ ～かたづけの鉄則

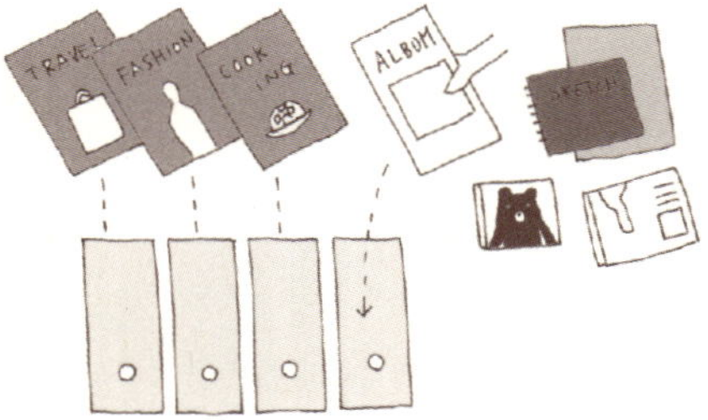

なんとも分類しがたいモノは全部まとめて「雑」へ。

85.

[収納の聖地「雑」] 部屋のかたづけをすると決まって「これってどのグループと一緒にまとめとけばいいんだ？」という変なものが最後に集まってきます。個性的でグルーピングできないというより、むしろその逆、あまりに無個性でどうしようもないモノたち。お土産でもらった栓抜きや梱包材のプチプチ、どこのかあいまいな合い鍵に、残ったネジ、洋服のボタン・・など。私はそういう必要とも不要ともつなかないモノは「雑」という名目でくくることにしています。そして必ず、行き場のない「雑」の落ち着き先として、それらをまとめる場所を作ります。これがかたづけを成功させるコツ。何でもきっちりグルーピングしたり、収納してしまうと、次からずっとそのとおりに続けなきゃいけません。そういう隙間のないやり方はたいてい長続きしない。逆に「雑」のような逃げ道があると、分類で生じる矛盾を受け止め、本来の機能を助けてくれるのです。押入の収納場所を決める時、レタートレーの分類を決める時、「雑」を設けてみてください。そこはきっと部屋を散乱から守る収納の聖地になるはず、です。

使いみちのあるような、ないような…

掃除機、買った？ ～掃除機を選ぶ

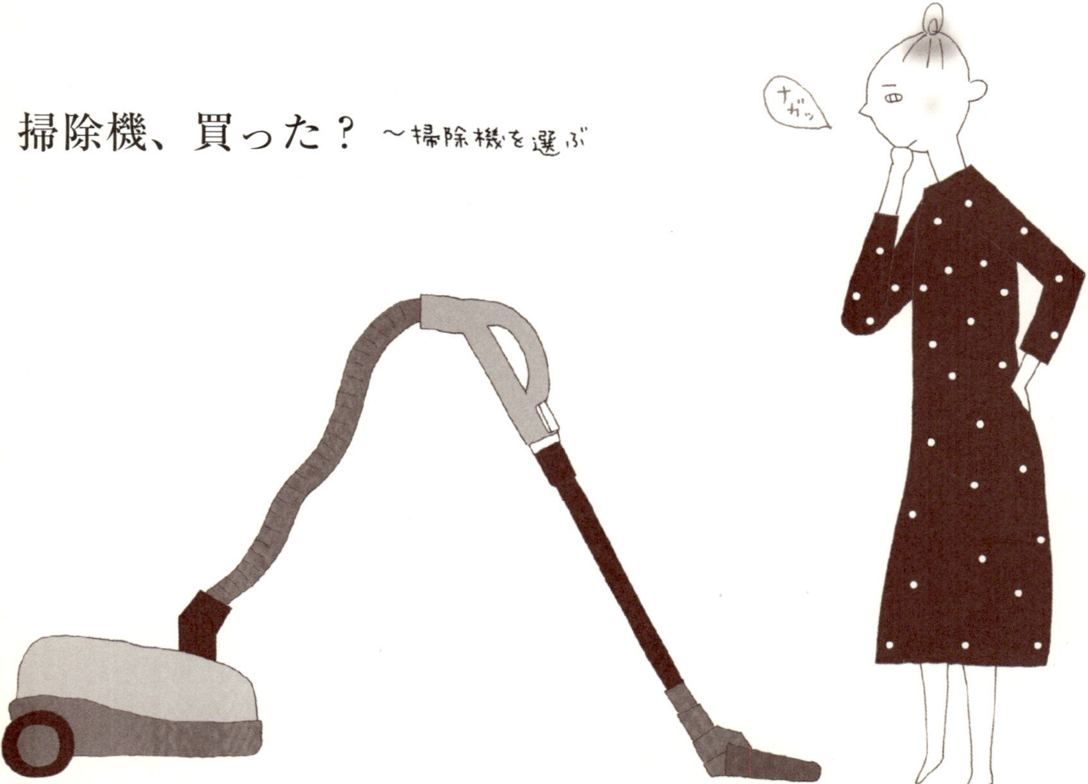

86.

[ころんｖｓスタンド]　掃除機はカーデザインに追随すると聞いたことがありますが、どんなに格好よくなられても掃除機は狭い部屋では場所を食う厄介者です。あのころんとしたカブトムシ。奴は思いのほか、場所を取るし、おまけに使わない時間のほうがうんと長い。だからといって、置き場所のためだけにホウキで掃除し続ける根性もなし、ワンルームの掃除機選びは悩みの種でした。で、結局、私が選んだのは独り暮らし向けのスタンドタイプ。仕事量でこそ「ころん」にはかなわないのでしょうが、それ以外はすべて勝っているのでは？と、満足がゆえのひいき目です。やや直球な選択ともいえますが、やはり単身生活者向けに作られた商品、ほっそり直立する掃除機は場所を取らず、使う時もフットワーク軽快です。これだと我が家の狭い玄関にもどうにか置けて「掃除機を見ながら食事」なんて悲哀を味わわずにすみました。想像してみください、掃除機を目の前にご飯を食べる女。バイトの更衣室じゃないんだから。ワンルームの掃除機は使わない時の姿、これこそ重要です。

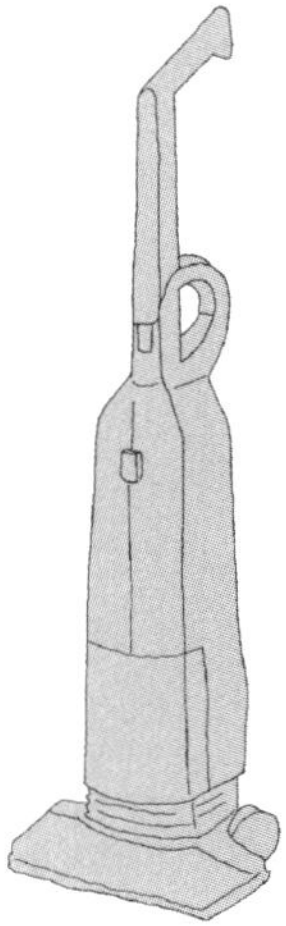

私の買ったスタンドタイプの掃除機。

ループタオルのいろいろ

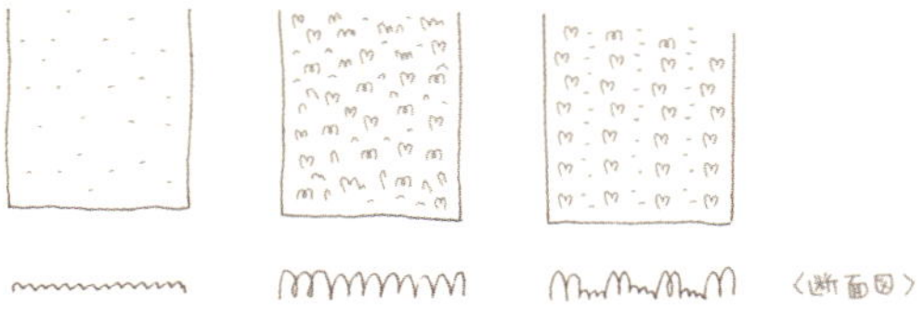

タオルを選ぶ時のポイントは、ループ（毛足）の長さ。
私は洗濯にも強い長短組み合わさった
タイプ（右）が好き。

もう買っちゃった？
〜タオルを選ぶ

10回くらい洗濯した状態を想像する。

タオルいろいろ

ループタオル
糸をループ状に織ったパイル織物。

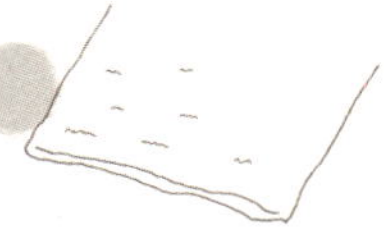

シャーリングタオル
パイルの片面をカットしてあり、
ベルベットのような肌触り。

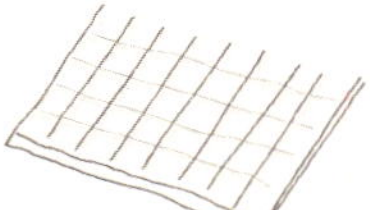

ワッフルタオル
ワッフル織りは格子状の凸凹で
厚みを出したモノ。

87.

[タオルは、未来を見て買う]　海外でそこそこのホテルに泊まったにもかかわらず、バスタオルがしょぼくてがっかりすることがあります。特にテーブルナプキンみたいな、ごついのに薄いあのタオル。欧州の伝統とはいえ、もうあれはやめようと誰か言い出さないものかしら・・。やはりホテルのタオルはふかふかに限ります。それも折り畳んだだけで座ぶとんみたいになってしまうくらい極厚なの。あれに包まれる風呂上がりは、「ほのかな幸せ」の代名詞です。そんな幸福感を自分の家でも味わいたいと思うのですが、実際なかなかそうはいきません。家庭で使うタオルは洗濯のたびに当初のふかふか感が失われ、へたりにやられてしまうのです。そしていくら柔軟剤を使って洗濯しても次第にごわごわした肌触りになっていきます。へたったタオルは水分の吸収がよくなりますが、ふかふかの幸福感からはほど遠い代物と化してしまいます。タオルは割と長く使うアイテムです。買う時は必ず「これ10回くらい洗濯したらどうなるかなぁ」と洗濯した後の状態も想像して、コンディションのキープできるモノを選びましょ。

独り暮らしを始めてからずっと
使っているタオル。洗濯しても
へたらず、色もきれい。
(The Body & Bath Shop)

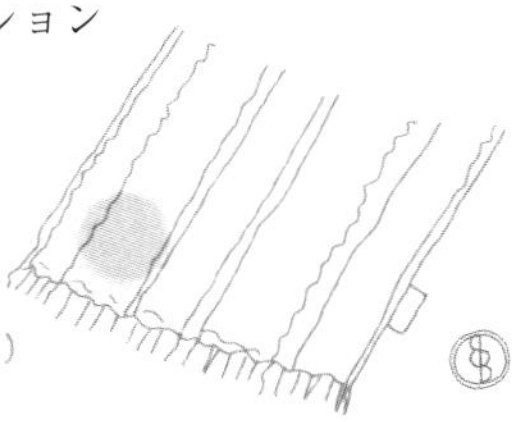

88.

どうする？
～洗濯機の話

[いえいえ、買ってください]　友達の悲劇です。コインランドリーでのこと。いつものように洗い終えた洗濯物を取りにいくと、な、なんと。使っていた洗濯槽に真っ黒なインクが、ぴっと投げ入れられてた、というのです。取りにいくのが遅れてしまい、待っていた人が怒って投げたんだろうと言ってました。その話を聞きながら「何たる極悪！」と憤慨しつつ、姑息な悪党なれどそのイライラもわからなくないなぁと思いました。私も独り暮らしを始めて、洗濯機を買うまでの３か月間はコインランドリー通いをしていました。袋一杯の洗濯物を抱えてコインランドリーへ行き、空いていない時のあの脱力感。また来なきゃいけないと思うと、なんともいえず憂鬱になったものです。何でも買いそろえる必要はないと思う私ですが、洗濯機だけは別。あったら便利というレベルではなく、なきゃ困るとさえ思います。それほどコインランドリー通いの３か月はつらかった。独り暮らしの家事は憂鬱さや煩わしさが先立つとみるみる作業が滞ります。たとえ洗濯回数が少なくても、洗濯機は購入して洗濯の放浪人とならぬよう、快適な毎日に投資しましょ。

89.

[確かに場所は困るんです]　家事の失敗もいろいろありますが、中でもいちばん気の滅入るのが、部屋干しした洗濯物のイヤな臭い。洗ったにもかかわらずカビ臭さの漂う洗濯物・・。もうテンション急降下です。せっかく洗濯したのにぃ〜。最近では専用洗剤もありますが、やはり洗濯は、太陽の出ている時間に、太陽のもとで干すのが理想的なように思います。ワンルームマンションでは洗濯をどう考えているのか、とにかく洗濯に関しては何をするのにも不充分に感じます。洗濯機を置くにも洗濯物を干すにもスペースがない。我が家でもベランダに入るサイズの洗濯機は、あるメーカーのある１機種に限られるというような状況で、もちろん洗濯物を干す場所もありませんでした。ベランダに何かしら突起でもあればロープをくくりつけて簡易洗濯場でも作るのですが、そんな時に限って壁はつるんと何もない。しかたなくあれこれ考えて思いついたのがベランダの天井に突っ張り棒を渡し、それを竿代わりにする方法。以来、そこにハンガーを引っかけて洗濯物を干し、偉大なる太陽パワーでにっくきカビ臭さと決別したのでありました。

どうする？
〜洗濯物を干す

11 come and get it ! COOKING&MEAL

料理・食事

キッチンは大？小？〜キッチンと闘う

90.

[それでも、自炊だ！]　我が家のキッチンは驚くほどミニマムです。と、言えば聞こえはいいですが、とにかく、極狭、極小、極細。人が立ってちょうどの間口に、手前全面がシンク、その奥に電磁調理器が一つというミニマムっぷり。メーカーの作る最小のキッチンユニットらしく、ハウスメーカーに勤めていた友達に「カタログでは見たけど実物は初めて見た」と、驚かれたほどです。この理科実験室のようなキッチンは、玄関を入ってすぐ右側にあり、よくもまあこんなコンパクトに、と図面を引いた人に敬服するくらいに納まっています。立地も悪い、ユニットもお愛想程度、こんなキッチンでの調理は、当然、毎回狭さと闘いながら繰り広げられます。手前にはシンクしかないので、食器を洗っても野菜を切っても置き場所がなく、ボウルをひっくり返したり、積み重ねた食器を割ってしまったりというのもしばしば。そんな調子で作るからか、いつもでき上がった時にはなんともいえぬ達成感があります。キッチンが小さいと嘆くなかれ、自分の頑張りに酔いしれて食べる手料理は格別の味がするものですよ。

自炊の救世主 〜電子レンジを買う

毎朝のトーストも。

野菜もチン!

寒い日のミルクもチン!

お牛本もいろいろある。

気が向けばお菓子も。

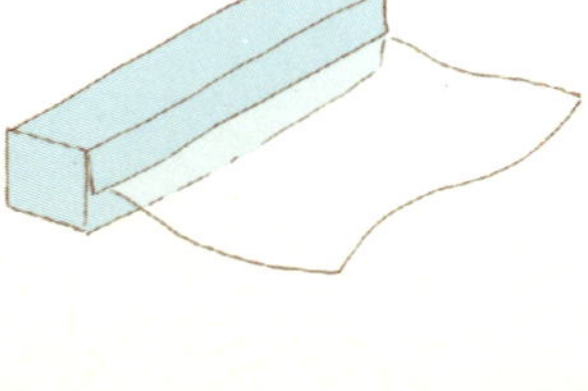

ご飯だって炊ける。

91.

[時間短縮、ご飯は目前]　あなたの新生活リストに「電子レンジ」と書かれていなかったら、私がペンを持って書き足しにいきたい・・。と、思ってしまうくらい、私にとって電子レンジは必需品で、購入をお勧めしたい電化製品です。独り暮らしの非力なキッチンでは、電子レンジが時間短縮の強い味方です。一般家庭にはコンロがいくつかあり、一方のコンロで野菜をゆでて、もう一方で肉を焼くなんて５分程度の話です。しかし。電磁調理器が一つしかないようなワンルームのキッチンでは、２～３倍の時間を優に要するのです。ホントに非効率です。こんなに手間と時間がかかっては、腹ペコで帰宅しても食事ははるか彼方。こういう事態を解消するためにも電子レンジを購入し、お肉はコンロで、野菜はチンして調理する。時間を上手に使って、自炊に嫌気がささないようにしてほしいなと思うのです。ちなみに、電子レンジを選ぶポイントはトースター機能がある（これは重要！）、焼き魚もできる、トーストをのせる面（回転台など）が大きい、オーブンがある、の四つ。これさえ押さえておけば、どんな料理もこなせて最強の味方ですよ。

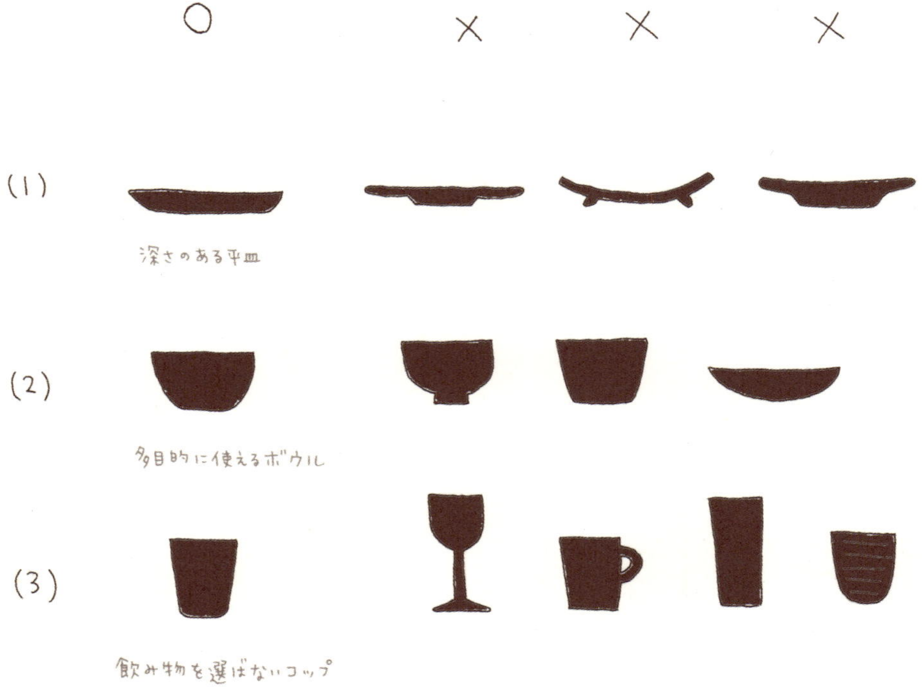
○
×
×
×
(1)
深さのある平皿
(2)
多目的に使えるボウル
(3)
飲み物を選ばないコップ

最初はこれで、いかが？ ～必要最低限の食器

92.

[まずは、この三つから]　独り暮らしに最低限、必要な食器は？そう尋ねられたら、迷わず次の三つを挙げたいと思います。(１)大きめの平皿(２)ほどよいボウル(３)コップ。これさえあれば（楽しくはないだろうけど）困らず、生活していけます。ストイックに「絶対三つだけ！」と言うことはないでしょうが、使わない食器をたくさん持つなら、少ない数でも質のいいものに心満たされるほうが健全かもしれません。数を厳選するなら、材質やテイストは洋食器よりも和食器、色も白が、料理を選ばず使いやすいように思います。さらに(１)毎日のおかずを盛る大きめの平皿は、少し深さがあるほうがシチューなどの汁物にも対応できて汎用性があります。(２)ほどよいボウルはサラダやおみそ汁やシリアルなど多目的に使うお碗。ガラス製でもいいけれど、ご飯＋おみそ汁を考慮すれば、陶製で２個セットがベター。(３)コップは陶製で取っ手のないカタチなら、冷たいもの、熱いもの、お酒にジュース、飲み物を選ばず◎です。新生活、とりあえず食器をそろえる時のご参考に。

同じ料理も食器が違うと気分が変わる。

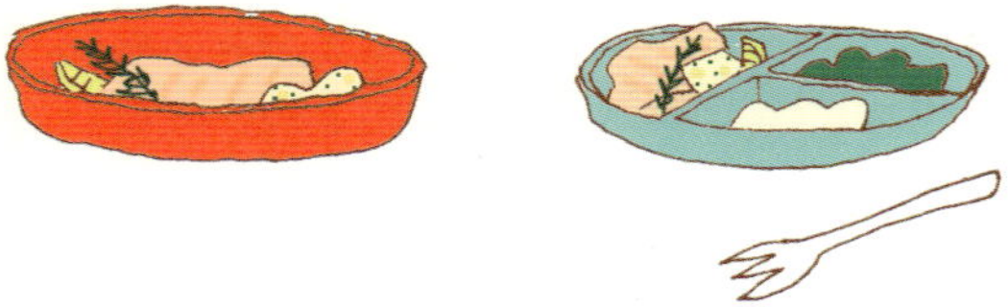

わくわく、食べてる？～食器で楽しむ

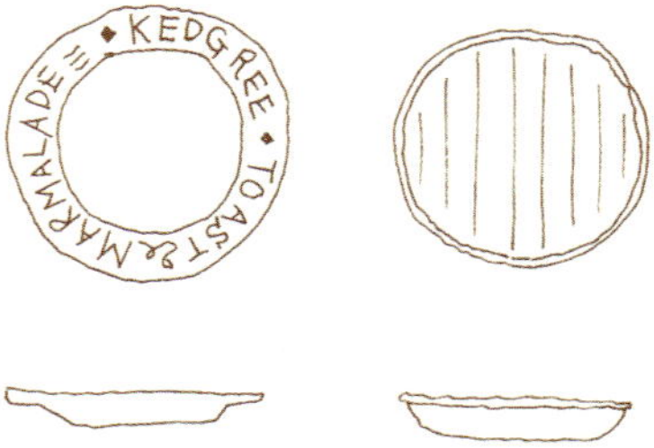

簡単メニューでもテーブルセッティングで華やいだ気分になる。

93.

［食器は縁の下の力持ち］　どんなに料理が好きでも、独り暮らしで自分のために作る料理なんて、レパートリーが限られます。どこか似たような料理をローテーションで食べ続けていると、次第に飽きてくる。飽きてくると、だんだん料理へのやる気がなくなる。やる気がなくなると作るのが億劫になる。億劫になったら最後、もう何でもいいか、ってことになる。というように料理への熱意が失われると、桶屋がもうかる式にどんどん食生活が弱体化していくのです。こんな悪循環に歯止めをかけられるのが「食器」です。料理自体に変化がつけられればいうことありませんが、予算の限られた中、家事や仕事の合間にやりくりするのだからマンネリ化は避けられない。そんな時、お気に入りの食器があれば救われるのです。同じ料理も盛りつける器が違うと、目先が変わって楽しくなる。楽しさは料理への満足感につながり、明日もまた作ろうという気持ちを導いてくれます。食器は料理を盛るだけでなく食生活を支える「縁の下の力持ち」、お気に入りの食器に支えられ毎日強靱な食生活を！

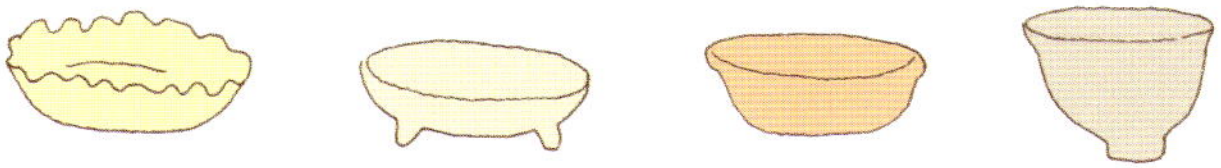

94.

買った？
～お鍋を選ぶ

[お鍋は重宝サイズを一つ] 独り暮らしを始めてからずっと、お鍋一つフライパン一つで生活しています。本当は煮込み系のお料理に寸胴鍋、炒め物に中華鍋、煮物などに行平鍋、意味なく使ってみたい圧力鍋、とお鍋への興味は尽きないのですが、残念ながらどれも持っていません。ほとんど「無」に近いキッチンの収納にそれらを置くスペースがないのです。場所をとるのでヤカンも買わず、お茶を飲む時も唯一のそのお鍋を使っている状態です。結論というか感想を言えば、そこそこ自炊をしてもお鍋一つフライパン一つでなんとかなります。多少の不便はくっついてきますが・・。ただ鍋数が少ない場合は、使いやすいサイズの見極めが必要です。フライパンは小さすぎると料理を返したり混ぜたりするたび、ボロボロこぼれて使いづらいので、振り回せる範囲で大きく深めのもの。お鍋はお湯を沸かすのにもカレーを作ったりするにも一般的な直径200×深さ100 mmぐらいのもの、が重宝です。どちらも欲を言えば、吊り下げ収納も可能なように、片手鍋で吊り下げられる穴があれば文句なしです。

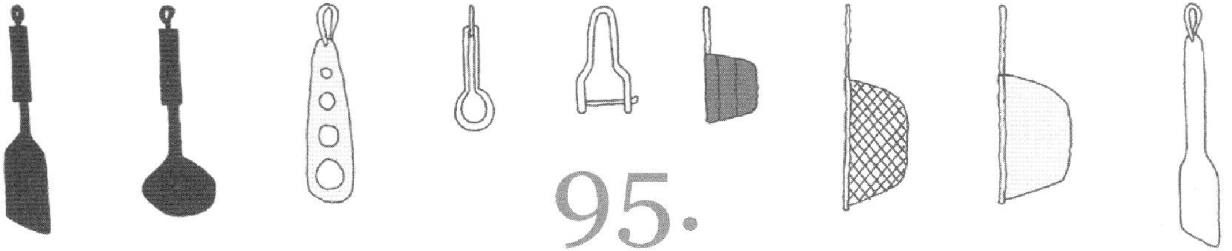

95.

[少数精鋭、厳選キッチン]　海外のインテリア誌でよく見る、お鍋が吊り下げられているキッチン、あれが大好きで我が家でもお鍋やおたま、計量カップなどの調理器具はすべて壁に吊り下げてあります。これなら狭いキッチンでもスペースを有効に使え、作業の邪魔にもなりません。しかし、この収納はそれだけでなく、自制要する独り暮らしの心の戒めにもなるのです。とかくキッチン用品は思いつきであれこれ欲しくなってしまいます。使うのか、レモンしぼり？ホントに必要か、ニンニクつぶし・・？　キッチン用品はデザインも売り場も充実しているせいか、どれも魅力的で欲しくなるモノばかりですが、毎日の食事程度なら、多種多様な調理器具がなくても乗り切れるもの。私もこの誘惑に負けそうな時はいつも我が家の吊り下げられたおたま群を思い出し「あれ以上何も必要ないっか」と、衝動から我に返るのです。狭いキッチンが思いつきのキッチン用品であふれかえっては作業しづらくなる。キッチンアイテムは数もデザインも厳選し、必要以上に増やさない。狭いキッチンの心得です。

そろえた？
〜キッチン用品

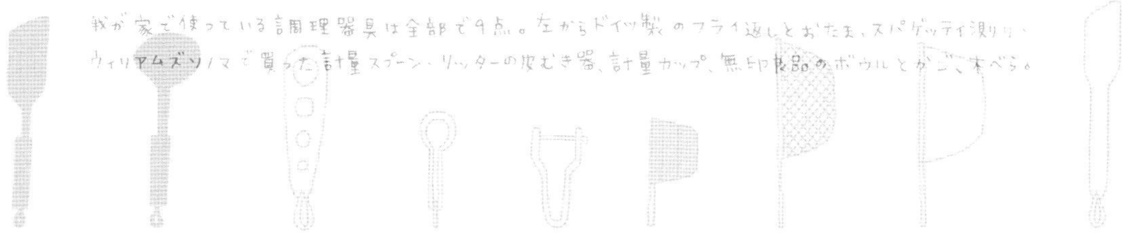

我が家で使っている調理器具は全部で9点。左からドイツ製のフライ返しとおたま、スパゲッティ測り、ウィリアムズソノマで買った計量スプーン、リッターの皮むき器、計量カップ、無印良品のボウルとかご、木べら。

ランチョンマットを敷く。

姿勢正してお行儀よく。

お箸は正しい持ち方で。

ちゃんと食べてる？ 〜食事の作法

食事の前には「いただきます」。

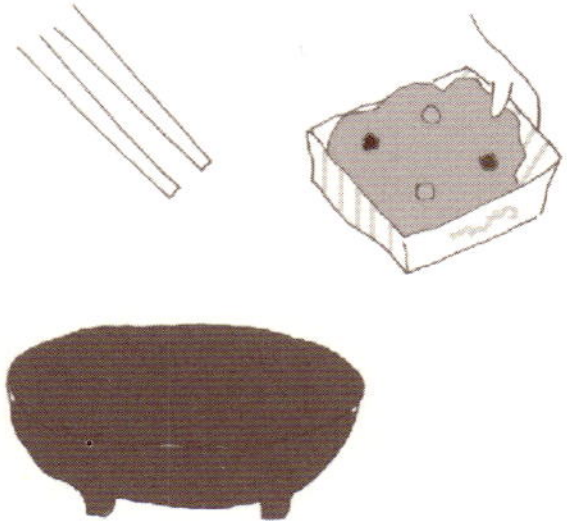

パックのお惣菜はお皿に移して。

どんなに急いでても朝ゴハンは食べる。

96.

[食事は、心も肥やすのです]　独り暮らしの食事は、時に非常にわびしく思えます。内容がそうである時もあれば独りが原因の時もあります。忙しい会社員が一日の仕事を終えた時、気力はもう１％も残っていません。そのわずかな気力も帰路の満員電車で使い果たし、これ以上動けない、という状態で家に到着。そうなると夕飯はとらなかったり、コンビニで買ったお惣菜で済ませて、後はお風呂入ってバタン。とまぁこんな調子です。食事を作る気力はなし、といってそんな食生活がいいとも開き直れず、複雑なところです。やはり食事はきちんと作ってわいわい皆で楽しく食べるのが、心にも体にも健康的な気がします。人数の問題は解決できませんが、せめて独りのコンビニディナーでも「食事の時間を大切に思う心がけ」は忘れずにいたいものです。食事の際、ランチョンマットを敷く。買ってきたお惣菜はお皿に移して食べる。たったそれだけのことでも、食事がゆとりのあるものに思えます。先日、友達のお母さんが言ってました。「食事マナーの悪い女性はどうも上品さに欠ける気がするわ」おぉ、くわばら、くわばら。

⑫ dry up！ "ZATSU"

最後に「雑」

When You Wish Upon a Star★

星に願いを 〜テープで作る星空

97.

[ささやかに楽しむ毎日]　蓄光テープというモノがあります。何に使うモノなのかはわかりませんが、日常のあかりを蓄え、辺りが暗くなると蓄えた光を放出するというテープです。引っ越ししたてのころ、足しげく通っていた東急ハンズで偶然見つけました。特に必要ではなかったものの、面白そうだったのでテープを購入し、家に帰ってどれくらい光を放つか試してみました。何もしない状態ではただの白いテープが、いざ電気のスイッチを落としてみると薄ぼんやりと青い光を放ち、しばらくして消えていきます。こりゃ面白い。そう思い、直ちにたくさんの丸を大小に切り出していきました。そして、それをベッドの上にある天袋の底にはりつけて・・。そうです、おやすみ前の星空気分、という魂胆です。電気を消すと真っ暗な部屋に小さい光が点々とあらわれて、チープながらなかなかの風情です。なぜかこれを見ていると、光と共に気持ちがぼんやりして、すうっと寝つきます。以前、友達が泊まりに来た時、「じゃ、おやすみ」と、スタンドのあかりを消したら「うぁっ」と小声で驚いていました。うふふん。

キッチンやちょっとした棚に植物を置く。

日当たりのいいベランダ前に植物コーナー。
これを眺めながら、うとうとしたい…。

今後の抱負 ～緑のある生活

棚に並べる鉢植え。緑が主役のコーナー。

切り花もすてきだけど。

小さなベランダに合うようデザインしてガーデニング。
きっと豊かな気分になるはず。

98.

手入れの行き届いたつつましやかな植木が並ぶご近所。

[緑に豊かさを見る]　もしもインテリア抜き打ちテストが行なわれたとしたら、私はきっと「ベランダ」で落第すると思います。とにかく草花を育てるのが下手で、我が家のベランダには植木も全くナシ。分別ゴミの空き缶と、しがない洗濯機が悲しく外気にさらされるベランダでは、高得点はまぁ無理でしょう。伯母の家では去年ひざ丈ほどだった植木が今年は身長ほどに大きくなっていました。伯母曰く「お水きちんとあげてる？」「うん」「栄養剤も」「うん」「じゃ愛情が足らないのよ」自分でも薄々感じていましたが、やはりインテリアのアクセント、モノとしてつきあっては、草花も大きく葉を開いてはくれないのです。草花といえば、我が家は住宅街の真ん中にあり、近くのお家はどこも手入れの行き届いた木や花がこぼれんばかり道路にせり出しています。各々のお宅を眺め歩きながら毎回思うこと「庭の緑の豊かさは、住人のゆとりに比例している！」我が家もあれじゃ、いかん。次なる目標は緑豊かなベランダだ！　伯母の言葉を教訓に決意する今日このごろです。

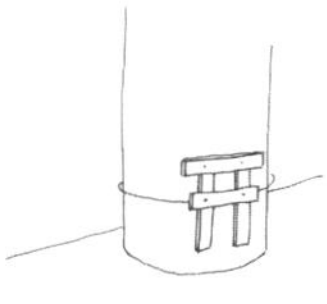

木製の鳥居は手づくり。

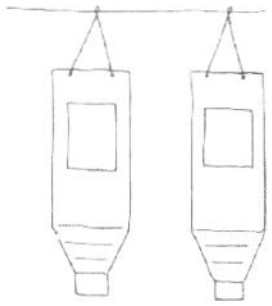

ペットボトルの植木鉢。

なぜか近所に同じ花が多いと思ったら、おばあちゃんたちはご近所どうし、植木の交換をしているよう。

美を支えてる？〜「美」と暮らす

ミラノの地下鉄で会った初老のご夫婦。とてもセンスのいいお二人。

99.

[カッコイイ生活者で]　ミラノ国際家具見本市（ミラノ・サローネ）の時のこと。私はカッペリーニの展示会場から中心地に戻ろうと、地下鉄に乗っていました。その時、前に座っていたご婦人に「面白かった？」と声をかけられました。業界人という感じではなく帰宅途中らしき初老のご夫婦で、私の持っていたカタログに目をやっていたようです。フランクに人に声をかける生活態度も格好いいけれど、サローネが日常会話なのもいい。にっこり「ええ」と返事をしながら、イタリアのデザインや家具はこういう土壌で育っているんだなぁと、つくづく思いました。イタリアでは「美」が普通の人の、日常のために存在してるように見えます。私はそういう姿勢が好きです。スノッブな人たちだけで騒ぎ合うような「デザイン」や「美」は、少しむなしい。普段着の「美」、普段着の「デザイン」。だけど、その普段着は仕立てのいいシャツにきちんと磨かれた靴を履いている、そういう感じがします。美にこだわりながら、どこまでも普通。デザイン大国イタリアは、作る人だけでなく、使う人も世界のお手本のようなのです。

それでは、最後に ～理想の「家」とは？

100.

[“家は家族”である]　「家とは何か」を考える時、いつも思い出す部屋があります。そこはアメリカの小さな町・タオスで、数人の客を迎えるＢ＆Ｂでした。オーナー夫妻の人柄がにじむセンスのいいお宅には、重厚なカントリースタイルのリビングがあり、いつもパチパチという暖炉の音が響いていました。なぜか不思議なことに、そのリビングには永遠めいた空気が漂っている。凍えそうな外から戻りソファに腰かけると、ざわついた気分が部屋に吸い込まれ、入れ替わるように気持ちが落ち着いていく。ここには何があるんだろう？　ぼんやり部屋を眺めていた時ふと「この家は家族の一員なんだ・・」目の覚めるような気持ちで、そう気づいたのです。家はシェルターであり財産であるけれど、住人と共に生きる、もう一人の家族でもある。心から愛された家は「生」を持つのだと感じました。家族のように家人を見守り、ずっと変わらずそばにいてくれる。そんなどっしり温かい佇まいの存在こそ、日々波風立つ心を支えてくれるのです。もう一人の家族、私は小さな冬の町で、自分の理想に出会ったような気がしました。

YOUR OWN DOORS　独り暮らしをつくる100

発　行　2004年2月15日　第1刷

著　者　川上ユキ
発行者　大沼　淳
発行所　文化出版局
〒151-8524　東京都渋谷区代々木3-22-7
電話　03-3299-2490（編集）
03-3299-2540（営業）
印刷所　株式会社文化カラー印刷
製本所　大口製本印刷株式会社

お近くに書店がない場合、読者専用注文センターへ　0120-463-464
ホームページ　http://books.bunka.ac.jp/

ブックデザイン＆イラスト　川上ユキ